臺灣歷史與文化研究輯刊

十三編

第 6 冊

臺南府城醫藥神信仰與相關文化研究（下）

胡欣榮 著

花木蘭文化事業有限公司

國家圖書館出版品預行編目資料

臺南府城醫藥神信仰與相關文化研究（下）／胡欣榮 著 — 初
版 — 新北市：花木蘭文化事業有限公司，2018〔民 107〕
目 8+146 面；19×26 公分
（臺灣歷史與文化研究輯刊十三編；第 6 冊）
ISBN 978-986-485-298-7（精裝）
1. 藥籤 2. 民間信仰 3. 文化研究
733.08   107001582

ISBN-978-986-485-298-7

臺灣歷史與文化研究輯刊
十三編　第　六　冊
　　　　　　　　　　ISBN：978-986-485-298-7

臺南府城醫藥神信仰與相關文化研究（下）

作　　者　胡欣榮
總 編 輯　杜潔祥
副總編輯　楊嘉樂
編　　輯　許郁翎、王筑　美術編輯　陳逸婷
出　　版　花木蘭文化事業有限公司
發 行 人　高小娟
聯絡地址　235 新北市中和區中安街七二號十三樓
　　　　　電話：02-2923-1455／傳眞：02-2923-1452
網　　址　http://www.huamulan.tw 信箱 hml810518@gmail.com
印　　刷　普羅文化出版廣告事業
初　　版　2018 年 3 月
全書字數　233328 字
定　　價　十三編 24 冊（精裝）台幣 60,000 元　　版權所有・請勿翻印

臺南府城醫藥神信仰與相關文化研究(下)

胡欣榮 著

目
次

圖　次

第五章　臺南府城醫藥神相關文化

　　「文化」是一種社會現象，是人們長期創造形成的產物。是一種歷史現象，社會歷史的沉澱物，指的是歷史、地理、風土人情、傳統習俗、生活方式、文學、藝術、行為規範、思維方式、價值觀念，包括有形物質與無形的政治、經濟、教育、法律……等制度與文學、藝術、價值觀及思維方式。「藝術」源自於文化，是人類生活的一部份，是文化的表徵，亦是整體文化的精緻，是指人類對生活的感觸所加以創造、與生活結合成為生活中的精華，兼具美感產物以滿足人們多方面的審美需求，使人類精神有潛移默化的作用。

　　傳統藝術創作靈感多來自於日常生活中，具體呈現該地風俗民情、思想價值、信仰及食衣住行育樂等現況。可分為表演藝術如音樂、歌謠、舞蹈……等及造形藝術，如繪畫、雕塑與建築……等。文化的範圍包含廣泛，由於時間不足以做全面性的探討，僅自其中挑取匾聯碑碣、造像藝術與藥籤三方面來做初步的探討。

　　以下就以「匾聯、碑碣」、「造型藝術」、「藥籤」來探討臺南府城醫藥神寺廟的文化。本章所列圖片來源除特別標示註明外，皆為研究者於 2009 年至 2012 年研究期間田調所拍攝。

第一節　匾聯、碑碣

　　地方開發藉著官、紳祭祀的寺廟，來安定、教化民心。「匾額」將建築與文化結合是書法藝術的載體；以「言簡意賅」的文字展示社會、政治文化，提供歷史訊息與意義；在文獻記錄不發達的時代，可藉此建構出當時政治、

社會、經濟……等方面的歷史。「楹聯」則是傳統建築裝飾不可或缺的素材，呈現信仰的主旨、對神祇的讚頌並形成寺廟氣氛的效果，兼具書法與辭藻之美。「碑碣」是為永久記載某事而雕在石頭上，鑒於石材堅硬而不朽，利於銘刻紀事，立碑以昭示垂後。

「匾聯」為「匾額」和「楹聯」合稱，兩者用途有同質性，屬於建築中藝術的主要媒介者。「匾額」是指在某材質上題字，懸掛於門屏之上者；是中國傳統建築藝術中特有且不可或缺的裝飾構件。「楹聯」指張貼或鐫刻於房屋或堂室楹柱及門旁的對聯，匾額和楹聯可視為使用漢字傳遞訊息的載體，「碑碣」內容涵蓋國家大事、墓道旌表，有如史書之效用。

臺南市醫藥神寺廟的創建時間大致在明鄭時期到清代中期，所存匾額所表現的目的性多元，有標示名稱、有寺廟間聯誼進香活動、亦有對社會的頌功。「匾聯」整理的價值性亦相對的突顯出來；「碑碣」中的創建碑記、重修碑記與捐題碑記是寺廟沿革的史料，更是地方發展的史實；在寺廟管理方面上，透過寺廟碑碣的公開傳佈性質，發揮了公眾的制裁力，也發揮其作用。從中也可以解讀出社會族群的分布、信仰祭祀以及社區發展的情況。

本節以時代繫年與內容記錄匾聯、碑碣，保留內容、整理歸納人文特色與內涵。古物的價值在於提供歷史訊息與意義，能在文獻記錄不甚發達的時代，建構當時的政治、社會歷史片段，提供解讀移民社會族群分布狀態、信仰祭祀及社區發展情形。田調時以廟體開放空間中可見範圍內所懸掛的匾額、樹立的碑碣為主要拍攝對象，楹聯、碑誌因場地侷限，以在可見範圍、重點或特殊物件拍攝、搜集為主，其他文獻記錄所提，若因收藏、損毀、遮蔽、或遺漏……等因素而未能記錄者，留待日後的研究，再行補足。

一、開基藥王廟

民國五十八年（西元 1969 年）闢建協進街時拆毀中、後殿僅剩前殿，重修成三層樓建築，廟內仍留有乾隆五十三年（西元 1788 年）「開基藥王廟」廟額、「東表古皇」匾與楊廷理獻的「福壽我民」匾與新增的「全台開基藥王廟」廟額、「澤及黎庶」。

圖 5-1 「東表古皇」與「福壽我民」

　　楹聯以三樓改建前的「藥濟民生餐造化，王綏海甸播生靈」石柱楹聯與前殿乾隆五十三年（西元 1788 年），參贊大臣提督福建全省水師軍務臺澎水陸官兵事務健勇巴圖魯〔註1〕蔡攀龍「北勢踞上風地道有生皆掌握，東瀛培元氣天時未調藉功黍」為歷史文物。

　　廟前奉祀的「榕松公」是三百年的古榕，前方的楹聯是道光十八（年 1838）時設立的「藥帝君臣尊九五，王師兵馬壯屯營」

　　碑碣在廟背面臨金華路上有道光十八年「重修藥王廟碑記」、「重建藥王廟碑記」。

二、神農殿

　　民國七十七年（西元 1988 年）改建後各界所贈碑匾，計有廟額「神農殿」，民國戊辰年（西元 1988 年）交陪境的「膏澤悠長」〔註2〕、臺南市米穀商業同業公會與雜糧商業同業公會的「德配穹蒼」、民國己巳年（西元 1989 年）嘉義市大天后宮「千載銜恩」。

　　政要的贈匾有市長林文雄「千秋景仰」、連戰「牖明啟育」、李登輝「道濟黎庶」、「功參造化」。

圖 5-2 「牖明啟育」與「千載銜恩」

〔註 1〕即蒙古語的巴特爾，但一般翻譯為拔都。滿語中指「勇將」之意，明朝時女真人即開始使用此稱號。後來成為清朝政府的一種榮譽封號。

〔註 2〕大士殿、清水寺、武廟、保安宮、建安宮、良皇宮、妙壽宮、東嶽殿、護庇宮、三老爺宮、三山國王廟、開基天后宮、首邑縣城隍同敬獻。

此外在兩側牆上有民國七十七年（西元 1988 年）立的「神農大帝聖歷」與一幅據說是潘春源直接刻畫在牆上，描繪當時小北門市集狀況的壁畫。

三、開基開山宮

「開山宮」廟額，戊子年總趕宮贈「開拓臺山」、四安境賀開山宮落成神興宮敬贈的「保我眾生」、「保國民生」、六興境保西宮賀落成的「保佑眾生」、慈蔭亭的丙子年的「保我群生」、祀典武廟六和境贈的「開拓河山」。

聯柱有傳說永曆二十八年寧靖王特旨豎立「克壯觀瞻隆古地，聿新營建重開山」〔註3〕

圖 5-3　開拓臺山與開拓河山

四、祀典興濟宮

三川門上廟額「奉旨祀典興濟宮」是有「旨」字出頭的，為西元 1927 年重修完竣，由臺南州知事喜多孝治署「奉旨祀典」，以顯示祀典的尊貴。

康熙年間有「保安民生」〔註4〕、「福壽我民」，光緒六年（西元 1880 年）「以能保我」，光緒十年「垂恩儲祇」〔註5〕、光緒十二年「聖藥仙方」、光緒年間「保赤長生」、道光十五年（西元 1835 年）太子少保王得祿與廣西知府劉氏倡議整修所獻「保愛生民」、同治三年（西元 1864 年）道銜知臺灣府事「大德曰生」

〔註3〕明永曆二十八年，鄭經離台返廈，適府城西海岸大水成災。國政翁天佑大力整治府郭街道，西定坊新街官、紳捐資，唐山運材改建開山宮。明寧靖王追溯功績，特旨豎石柱對聯。參考《府邑古剎・開基開山宮》（臺南：開基開山宮管理委員會，2011 年）

〔註4〕康熙三十三年（西元 1694 年）福建水師提督陳官元。

〔註5〕欽加總兵衛攝理福建臺灣城守營參將候補副將，督辦保甲團練各總局兼帶左翼練軍，新建胡德興。

圖 5-4　「保安民生」與「以能保我」

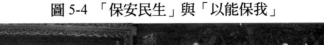

　　清代匾額尚有道光十五年西元 1868 年「醫道聖神」、「眞元壽世」、同治十年「保生大帝」、西元 1876 年「天高地厚」、西元 1879 年「大道在生」、西元 1882 年「德普群生」、西元 1887 年「大道爲公」、元 1889 年「大道濟人」、西元 1890 年「惠及我生」、西元 1890 年「起死回生」、西元 1890 年「恩涵庶類」、「保我眾生」。

　　民國九十四年（西元 2005 年）陳水扁「惠及我生」與同年全國保生大帝聯誼會財團法人臺北保安宮贈的「道濟群生」、「厚生澤民」、「宣慈壽世」。

　　最有特色的楹聯是光緒八年（西元 1882 年）由知府周懋琦所書的「秉筆陋元臣醫藥神靈宋史漏收方伎傳，熙朝修祀典馨香朔望清時合祭觀音亭」〔註6〕，在周圍附有跋文〔註7〕讚頌神明醫藥活人與記同治、光緒年間，開山撫番時生痢疾，得神助免於災難，解釋時代背景及建廟前因後果。其他有嘉慶六年（西元 1801 年）「妙道控九天澤沛東瀛萬古聲靈赫濯，保生宏三界恩通南斗千年俎豆馨香」、咸豐七年（西元 1857 年）「興國庇民至今著靈赤崁，濟生救世自昔蛻化白礁」。

　　明治四十四年（西元 1911 年）「保黎庶具婆心大道眞元洵無忝乎國手，生死人肉白骨歷朝良相未足比其神醫」。

　　光復後楹聯有位於三川門的「興國庇民至今著靈赤崁，濟生救世自昔蛻化白礁」、「大恩浩蕩濟世醫稱聖手，道德巍峨活人術體天心」、「保衣甸護三

〔註6〕臺灣鎮道以保生大帝賜藥方，使官兵不染瘴癘，並對於開墾後山有功，奏請晉封祀典，奉欽差飭令由地方朔、望（初一、十五）焚香、春、秋祭祀。

〔註7〕神生於宋太平興國四年姓吳與龍圖閣待制番陽熊伯通全名泉之同安白礁人也生卒年月事蹟具詳泉州府志臺灣故毗舍耶海島康熙廿三年始歸奉版圖炎荒瘴毒療治維艱紳民謚神以醫藥活人謹建廟塑像奉香火設蛟籤慈濟昭顯蓋者英惠百數年矣
同光戊亥間有開山撫番之役降瘊竭誠祈禱請疫不爲屬所謂功德在民者詳奉欽差撫部批飭地官朔望拈香春秋致祭以答　鴻麻痲用申寅敬順興情焉壬午春月福建前署臺灣兵備道提督學政臺灣府知　府錢塘周懋琦薰沐拜讚並書于福海春長署齋

台功同日月，生春風蘇萬類容佩君臣」、「善祈點眼離滄海，力挽頹風從瑞雲」、
「伎雄摘國威爭勝，嘯臥杏林爲治牙」、「眾峰繚繞萃瑤宮，畫棟雕甍寵命隆；
丹詔龍恩昭顯應，千秋廟祀頌神功」、「曾聞學道道無邊，靜鍊丹砂豈計年；
壽世何愁無善法，神方一覺化三千」。

碑碣有嘉慶二年（西元 1797 年）「重修興濟宮捐題碑記」。道光十七年
（西元 1837 年）「興濟宮辛卯年重修碑記」與昭和二年時重修大觀音亭和興
濟宮時所樹立的「重修大觀音亭興濟宮碑記」。

五、良皇宮

乾隆丙辰年（西元 1736 年）「回天之功」、西元 1851 年「保命護生」、同
治（西元 1874 年）「護國庇民」，並刻「祈求雙親體健、長兒病痊之願望」。

圖 5-5 「回天之功」與「護國庇民」

匾額爲民國三十五年（西元 1946 年）良皇宮落成時，祀典武廟六和境獻
「良皇宮」廟額、同爲龍虎宮之稱安平海頭廣濟宮「保衛眾生」、朝興宮眾弟
子贈「保我蒼生」、民國五十七年（西元 1968 年）建醮時海安宮贈「保我群
生」、「化及萬方」、「德配浩天」、「保佑群生」、和意堂「保健長生」、「保我群
生」、「良相同皇」。

圖 5-6 與「化及萬方」與「良相同皇」

楹聯有咸豐「大道無私隻鶴雲端救世，真人有得青囊霄底回春」、「保我
黎民邦家膺福祉，生人靈藥宇宙穫安康」。

碑石有大正八年的「重修良皇宮碑紀」、捐獻碑。

六、福隆宮

廟額有「敕封保生大帝」、「福隆宮」、「保生大帝」，匾額有「德昭南宋」、辛卯年祝三多廟境「保我羣生」、己亥年三老爺宮境「眞元壽世」、己亥年大天后宮「永綏吉劭」、八協境東嶽殿「保我民生」、八吉境大人廟「保育群生」、民國七十八年道教會臺南支會「佑我黎民」

圖 5-7 「眞元壽世」與「保我羣生」

七、元和宮

匾額約有 40 幀，以建醮交誼境所贈爲主，時間跨越範圍很大。甲戌年「護國佑民」、首邑縣城隍廟贈「保我諸生」，民國丙子年建安宮贈「醫道配天」與良皇宮的「德昭南宋」、清水寺贈「濟我黎民」、四安境保安宮贈「永綏吉劭」、戊寅年「保國忠生」、嘉義市大天宮贈「澤輝萬民」、甲辰年東嶽殿贈「保生大帝」、「保民長生」、丁亥年「晉代奇勳」、民國七十一年李登輝任臺灣省主席「弼教濟世」、天壇贈「澤被蒼生」、乙亥年「德參天地」、連戰「濟世佑民」、民國戊寅年良皇宮「元虛靜和」、戊寅年祀典大天后宮「神庥廣被」、民國甲辰年三老爺宮「元化人和」、丙子年「保國福民」、甲寅年「濟世奇功」、辛未年敬心壇「保祐眾生」、「全台白龍庵顯靈公駕前什家將如意增壽堂」門額、辛巳年外關帝港玄明保安宮「如薪傳意」、民國九十年臺北縣長蘇貞昌、新莊市長黃林玲玲「什將威風」、丙子年駕前如意增壽堂「保福安民」、「妙方救世」、甲寅年「德普羣生」、「護國佑民」、民國丙子年赤崁大士殿林春江書「保佑眾生」、福隆宮「保佑群生」、「恩澤天撫」、甲辰年「普濟群生」、連戰「濟世佑民」、「資生贊化」、「厚德延禧」、戊寅年安平仁德宮「保境佑民」、戊寅年「弘仁普濟」。

圖 5-8 「如薪傳意」與「醫道配天」

八、五帝廟

　　田調中可見「五帝廟」廟額與牌樓「五帝廟」石匾，嘉慶年間有兩塊匾分別是元年（西元 1796 年）重興三山職員陳安立「福國祐民」、十九年甲戌年功加左都督世襲拖沙喇哈番〔註 8〕仍受餘功二次陞任浙江瑞安副總兵官陳遠致「西南得朋」、道光四年（西元 1824 年）楓嶺營〔註 9〕眾弟子獻「帝德廣運」、民國四十年五顯大帝開光東嶽殿贈「神通廣大」、民國八十三年基隆市和平島天顯宮的「神威顯赫」。

圖 5-9　「西南得朋」與「神通廣大」

　　根據五帝廟網站〔註 10〕中匾額應尚有三十七年八吉境各廟送的匾，分別為昆沙宮「惠庇一方」、總趕宮「威靈顯赫」、朝興宮、保和宮贈百訓亭的書「威牡天南」、關帝廳、東轅門贈的「化綱造化」、東嶽殿的「英靈赫濯」與民國四十年（辛卯年）五顯大帝開光紀念朝興宮、保和宮贈的「威震南天」，但田調時並未見。

　　楹聯「顯爍爲神昭德通北極，靈威逐疫保民据東瀛」與「五帝燿瀛洲魑魑魅魅皆隱跡，顯靈麻赤崁工商農士盡繁榮」，大正十三年「重建五帝廟略記」石碑。

九、銀同祖廟

　　全廟只三幀匾額，除廟額「銀同祖廟」外，有昭和九年（民國二十三年）後來被揶揄成「憨雞仔舍」的葉廷珪〔註 11〕贈「護國庇民」、丁酉年銀同祖廟

〔註 8〕清代爵位名。漢稱舊爲「外所千總」。順治四年（1647），定名爲「拖沙喇哈番」。乾隆元年（1736），定漢字爲「雲騎尉」，滿文如舊。

〔註 9〕清代在臺灣採班兵制，挑選大陸各省兵營來台，三年一輪調防駐守。閩浙地區因較靠近臺灣方便調度，所以兩地軍隊最常被調來臺灣駐守。（楓嶺營爲清初在浙江仙霞關和楓嶺關之間設置的軍營）

〔註 10〕由信徒黃先生所架設 wudi-miao.myweb.hinet.net

〔註 11〕民國三十九地方自治，縣市長改爲民選，爲臺南市開放民選後第一、三、五屆市長，創最高當選次數記錄，但爲了競選市長開支過多，除變賣祖產與住宅後，暫住公家宿舍，由親友救濟，遂有這句諺語

派下「永護民安」〔註12〕。

　　左外牆鑲有五塊碑記爲道光乙巳年「台郡銀同祖廟記」、道光二十二年「銀同祖廟碑記」、昭和十年「重修銀同祖廟記」、民國四十六年「重建銀同祖廟碑記」與民國九十一年「銀同祖廟重新興建碑記」。

圖5-10　「護國庇民」與「永護民安」

十、臺灣府城隍廟

　　以名列臺南三大名匾於康熙三十六年（西元 1697 年）由廖雨亭敬署立的「爾來了」最有特色。此外清代匾有廟額「臺灣府城隍廟」、乾隆丙午年福建水師提督黃任簡「福海春臺」、同治元年（西元 1862 年）同知臺灣府事洪毓琛「福佑善良」、光緒十六年（西元 1890 年）臺南府事桐城方祖蔭「彰癉風聲」、昭和十二年（西元 1937 年）吳森玉〔註13〕贈「慈航濟世」。

圖5-11　「爾來了」與「彰癉風聲」

　　光復後有民國四十一年市長葉廷珪「幽明敬畏」、乙卯年重修落成安定鄉管寮村黎民「威鎮東寧」、民國七十四年市長蘇南成「威靈永鎮」、戊寅年「威靈保障」、民國九十八年馬英九「敷佑群黎」與原稿「敷佑群黎」、民國一百

〔註12〕 這些派下弟子目前子孫還是信徒，户數並未呈增加。2012 年 3 月 20 日訪談陳老先生。其中辛文炳曾任民選後第四屆臺南市長。
〔註13〕 日治時期臺南著名醫生和重要仕紳。參考楊天佑：《日治時期臺灣人士紳圖文鑑》，高砂町是民權路一段，和算盤同年入廟。據廟史，吳森玉是昭和 9 年倡議重修者之一。

年建廟三百四十五周年慶臺南市長賴清德贈的「首府城隍」、「生死司權」、「威德在震」、「威靈赫濯」、門額「地藏菩薩」、「福德正神」。

圖 5-12 「生死司權」與「福海春臺」

楹聯是前殿山川門左右山牆上長達九十四個字在道光十五年（丁未）由仝啟藩、丘建藩敬獻的最有特色：

> 問你生平所幹何事圖人財害人命姦淫人婦女敗壞人倫常；摸摸心頭悔不悔想從前千百詭計奸謀那一條孰非自作，來我這裡有冤必報減爾算蕩爾產殄滅爾子孫降罰爾禍淫；睜睜眼睛怕不怕，看今日多少兇鋒惡燄有幾個到此能逃。

入口對聯「威恩原並濟，求錫福何不爲善；靈神非可賂，赦罪豈在燒金」、道光戊子年「法雨霑時能解厄，慈雲現處是垂恩」、「威令如山判事每分正邪善惡，靈神在上護民何論南北東西」、「聰明正直式天神，動靜陰陽兩故化」、「做事奸邪盡汝燒香無益，居心正直見吾不拜何妨」。

碑誌有乾隆四十二年（西元 1777 年）臺灣知府蔣元樞捐俸重修立碑「重修城隍廟圖」、民國八十八年「重修臺灣城隍廟碑記」、「重修城隍廟圖」、「現今府城隍廟圖」、民國九十六年「梅園建造記」。

十一、開基玉皇宮

廟額「開基玉皇宮」、陳水扁「統御萬靈」、「金闕至尊」、「昊天至尊」、「一」、「神恩浩蕩」、「神威顯赫」、「護國佑民」、「澤庇蒼生」匾。

碑誌有「開基玉皇宮重修碑記與捐題碑記」。

圖 5-13 「昊天至尊」與「統御萬靈」

十二、東嶽殿

「匾表其門」的「東嶽殿」廟額、門額有嘉慶己卯年「天醫眞人」、「地藏王菩薩」、「仁聖大帝」。

光緒八年（西元 1882 年）艋舺營守備羅勝標敬獻「善惡有報」。

交誼境有西羅殿「威靈赫濯」、辛丑年有五帝廟「爵與天齊」、四安境沙淘宮「神威顯昭」、四安境保安宮「仁懷作聖」、下林建安宮「嚴司陰法」，乙亥年祝三多廟「執規司春」、乙亥年開基信安宮管理委員會「神威顯赫」、祀典大天后宮「神威宏揚」、元和宮「威而不猛」。

圖 5-14 「善惡有報」與「嚴司陰法」

政要與民代的有甲戌年國大代表杜振榮「神光普照」、八十三年連戰「保境安民」、李登輝「弘道行善」、立法委員沈富雄「神威顯赫」、劉松藩「正道輸誠」與「正直無私」、「護國庇民」、「爵與天齊」、「威靈赫濯」、「神威顯赫」、「佑濟羣黎」、「澤被萬民」。

楹聯有乾隆戊戌「天孫著績掌羣動之生，泰岱崇型總斯萬之命」、「仁澤世間良善求福祿壽考必賜，聖鎮地府奸惡召三魂七魄劫磨」、「道冠兩儀功司地藏，德尊三界爵與天齊」、「五嶽鎮東方秉鑒陰陽昭報應，百神尊震位掌司禍福布弛張」。

十三、三官廟

廟額「三官廟」、「太歲殿」、「蔣公生祠」，還有「三官大帝」、「中壇元帥」、「天醫眞人」、「賜福財神」、「斗姥元君」、「北斗星君」門額。

交誼境丙子年贈的六幀：八吉境五帝廟「弘仁普濟」、六合境清水寺「神威萬世」、中和境北極殿「澤被蒼生」、三官大帝廟「應天佑民」、開基永華宮「灝瀚三界」、祀典大天后宮「天地水衡」。

其他有乾隆年間「惠普蒼生」、丙戌年「星君顯化」、烏日南興宮「神威顯赫」、丁亥年「澤庇蒼生」、永華宮「功同覆載」、庚午年宏孝院三官大帝聯

誼會「護國佑民」、民國六十九年臺南市三官廟「弘仁普濟」、烏日鄉南興宮「普渡眾生」、清水寺境「大哉神功」與「神功鼎峙」（西元 1866 年）、「至尊鼎立」、「神威顯赫」、「神恩浩瀁」。

碑誌有「重修三官廟碑記」與民國七十九年「臺南市三官廟沿革」。

圖 5-15 「神功鼎峙」與「天地水衡」

十四、臺灣首廟天壇

匾額為廟額「天壇」與拜殿楹柱上所懸「府城三大名匾」〔註14〕之「一」字匾，但年代與獻匾者皆不詳〔註15〕，據說咸豐四年之前就已存在。沿逆時針方向環繞十二句的七言詩：

> 世人枉費用心機，天理昭張不可欺。任爾通盤都打算，有餘殃慶總難移。善歸善報無相負，盡歸惡報誰便宜。
>
> 見善則遷由自主，轉禍為福亦隨時。若猶昧理思為惡，此念初萌天必知。報應分毫終不爽，只爭來早與來遲。

「一」字匾的警世作用對應了「千算萬算，不值得天一劃」的諺語，不論再怎麼會算計，都比不上老天爺的一揮，頗有「人算不如天算」之意。

「玉皇上帝聖位」神龕上方篆體字匾，經臺南市書法耆老、研究古文字有五十年書法家張添原釋疑為「如在」，指「拜神神在」。〔註16〕

圖 5-16 「一」與「居高聽卑」

〔註14〕 府城三大名匾分別是天公廟「一」字匾，臺灣府城隍廟「爾來了」匾以及竹溪寺「了然世界」匾。
〔註15〕 首廟天壇管理委員會編：臺灣首廟天壇。（臺南：首廟天壇管理委員會編印，1990 年），頁 116。
〔註16〕 參考中華日報新聞網，2010/1/14─圖─趙傳安，文─黃微芬

　　清代咸豐五年（西元 1855 年）創建時立「居高聽卑」、成立於咸豐八年祭祀玉皇上帝的神明會「如蘭堂」信眾於咸豐十年贈「如蘭堂」、同治元年（西元 1862 年）臺彭兵備道兼提督學政洪毓琛「道崇無極」、同治三年福建臺灣水師副將葉晞暘「洪鈞鼓鑄」、光緒十一年（西元 1885 年）福建臺澎掛印總鎮章高元「赫耀聲靈」、方祖蔭獻於光緒十六年初為基隆同知獻「主載元樞」與任臺南知府時贈的「三才式理」。

　　光復後有三十九年時任總統府戰略顧問委員會副主任白崇禧受蔣介石命而贈落款為「延平王奉明正朔建壇祀天，台南人士就其遺址重修，命囑書額以應」的「仰不愧天」、民國四十一年天壇重建落成時蔣中正贈題的「義格蒼穹」〔註 17〕、戊子年七朝祈安建醮交陪境聯合獻「化育群生」、「保佑蒼生」。民國七十二年嚴家淦「國泰民安」。

　　碑誌有咸豐四年（西元 1854 年）「臺郡天公壇碑記」、明治三十二年（西元 1899 年）「重修天壇碑記」是日治最早且僅存明治年號的碑碣，碑文上多見清末仕紳捐題記事、光復後西元 1951 年「天壇重修碑記」。

十五、北極殿

　　名匾為目前臺灣現存唯一明代匾額，落款永曆二十三年（西元 1669 年）寧靖王朱術桂書的「威靈赫奕」，康熙五十二年（西元 1713 年）時任福建分巡臺灣廈門道理學政按察司僉事加一級陳璸獻「辰居星拱」〔註 18〕及嘉慶十五年（西元 1810 年）十月信士台陽陳琇敬立「鷲嶺」。尚有「北極殿」廟額、「鷲嶺古地」、「慈航廣濟」。

圖 5-17 「威靈赫奕」與「鷲嶺」

〔註 17〕 為蔣介石主動贈匾給臺灣寺廟的四塊匾之一，其他三塊匾分別為關仔嶺天公廟「凌宵寶殿」、日月潭玄奘寺「國之瑰寶」與慈恩塔「慈恩塔」。
〔註 18〕 出自《論語》〈為政篇〉：「為政以德，譬如北辰，居其所，而眾星拱之」

－229－

　　神龕兩側木刻對聯「玄功勘破無悟自四十九年鐵杵，天道所親惟善修成百年萬劫金身」是府城近代知名詩人洪鐵濤代表作。

　　雍正八年（西元 1730 年）「繳納本廟地租闔境公眾碑記」、乾隆五十六年（西元 1791 年）「福建臺灣府臺灣縣繳納地租碑記」、咸豐四年（西元 1854 年）「眾舖戶重修北極殿官紳舖戶各姓名碑記」、同治二年（西元 1863 年）「眾舖戶重修北極殿官紳舖戶各姓名碑記」、道光十八年（西元 1838 年）「大上帝廟四條街（桐山營）公眾合約」。〔註 19〕

　　近期的碑記有民國九十四年「重修府城鷲嶺北極殿碑記」、「乙酉年信眾捐建芳名錄」、民國九十八年「已丑年建醮委員會交誼境、會首及捐款大德芳名錄」。

十六、大觀音亭

　　創建年代雖為明末，但未曾出現明末清初的匾。清代匾有咸豐元年（西元 1851 年）欽命臺澎水師掛印總兵官恆裕的「善慈靈應」、後殿有道光十五年（西元 1835 年）「大雄寶殿」。

　　同治年間的有知臺灣府事洪毓琛於元年（西元 1862 年）三月敬立的「大觀在上」，三年仲春福建臺灣水師副將葉晞暘的「蓮座春風」、「慈雲普蔭」，七年（戊辰）花月賞戴花翎欽加副將銜署北路協調署城守營參將信官楚南陳玉喜的「莫不尊親」，十年的「如保赤子」與「觀音佛祖」，十一年（壬申）孟秋月兼護提學道周懋琦敬書的「以祈甘雨」，光緒六年（西元 1880 年）羅洪標敬酬「慈雲暗覆」與十六年（庚寅）孟冬月的花翎陞授基隆同知權知臺灣府事桐城方祖蔭敬立「佛力婆心」，宣統三年（西元 1911 年）「慈航並濟」、「佛光普照」。

　　清代楹聯正殿有嘉慶二十年（西元 1815 年）欽命提督福建水師軍門子爵世襲王得祿獻的「現月相珠瓔滿珞薰脩三昧成摩地，湧金波寶綱交羅超度眾生出愛河」。

　　昭和五年（西元 1930 年）正殿有「妙道無方但能色相俱空何須別求南海，迷津廣濟若使善心自在此處即是西天」。

〔註 19〕桐山營為福建水師提督所轄鎮營之一，亦輪班來台戍防、交換防汛之際多棲
　　　　息於廟庭。道光 17 年桐山營頭目與廟方董事、里民街眾共同簽署一份公約、
　　　　以杜絕爭端。

　　光復後分別有正殿神龕「甘露遍施斷除煩惱燄，智光普照同證菩提心」與民國五十八年（西元 1969 年）「佛法濟蒼生菩薩消燄增福惠，真如懷赤子枝水遍灑利人天」，民國六十年共有六幅，分別是三川步口「觀靈眾生無三災八難，音傳六道行十善四恩」與「慈雲南海隨慈濟，法雨東瀛沾法施」，後殿「三乘普濟惟修道，寶坐同參得悟禪」、「般若莊嚴證人天教主，慈悲妙相顯聖蹟諦神」及「奉公須不違天理，作事應無愧我心」、「慈航普渡三千界，法雨長沾十三洲」。

　　碑記有乾隆五十七年（西元 1792 年）由住持增朗所立的「重興大觀音亭碑記」，因詳列捐款者、商號與金額細項，共用六塊石才列完，每三塊合成一塊石碑，分別鑲在於三川殿左右壁。乾隆六十年因燈油收入不敷支出，陳信樟公置瓦店，租金由住持僧管理，不許典售立石公告的「大觀音亭公置瓦店碑記」〔註 20〕、乾隆六十年臘月首事陳潼山立石記重建的「郡城大觀音亭廟宇重興碑記」。

　　道光五年（西元 1825 年）勒石董事盧元嘉、王琳、王啓瀛等仝立的「嘉慶二十年重修大觀音亭廟橋碑記」，上刻滿臺灣府城各家商號的名稱，藉此可知清代臺南商業繁榮的盛況、道光十年記載信士捐款重修得到崇祀祿位，道光十年住僧溫恭記載善舉於所立的「重修大觀音亭暨諸善舉碑記」〔註 21〕。

　　日治時重修大觀音亭和興濟宮時所立的石碑，分別是昭和二年「重興大觀音亭興濟宮碑記」與四面刻文的方柱，記錄西華堂與大觀音亭平分土地租金做為祭祀費用的「大觀音亭華成社碑記」〔註 22〕。

圖 5-18　「大觀在上」與「佛力婆心」

〔註 20〕何培夫、曾國棟：《大觀音亭興濟宮》（臺南：財團法人臺南市大觀音亭興濟宮，2002 年）。
〔註 21〕何培夫、曾國棟：《大觀音亭興濟宮》。
〔註 22〕何培夫、曾國棟：《大觀音亭興濟宮》。

十七、清水寺

民國 100 年重修整建，廟體上所見的匾額分別有：「清水寺」廟額、「寶筏渡川」、「即心是佛」、光緒十一年「大觀在上」、丙子年「流水前身」、「觀自在」。

圖 5-19 「寶筏渡川」與「流水前身」

十八、慈蔭亭

慈蔭亭又名「小西天」，原有四方古匾與一幅古聯，分別為道光三年（西元 1823 年）的「小西天」〔註 23〕，前門有道光四年（西元 1824 年）「慈航廣濟」、道光十八年（西元 1838 年）「幻空色相」與道光二十年（西元 1840 年）「慈航慧海」。

另有廟額「慈蔭亭」、「慈蔭亭」匾與多方嵌有廟名的匾「慈雲廣蔭」、兩方「慈航普蔭」、「慈雲普蔭」、「慈露澤蔭」、「慈雲疊蔭」、「慈航廣蔭」、「慈航福蔭」與兩方「佛光普照」，還有「觀音佛祖」額、「護國佑民」、「群生」。

圖 5-20 「幻空色相」與「慈蔭亭」

十九、道署關帝廳

關帝廳於西元 2012 年 4 月 6 日通過臺南市政府文資處的審查登錄為歷史建築。

〔註23〕 「小西天」匾已不見蹤跡，其詞取自「觀音」為西方極樂世界之補處菩薩，顯然以小西天喻此勝境。

　　廟額「關帝廳」、鎮廟古匾「浩浩其天」是乾隆四十四年（西元 1779 年）五月督學臺澎兵備道三原張棟敬書的、民國六十五年（西元 1976 年）丙辰年仲冬關帝廳落成建醮時，八吉境五帝廟、朝興宮眾爐下一同敬獻的「乃聖乃神」〔註24〕、「忠義配天」。其它尚有「正氣參天」、「千古之英」、「允文允武」、「威震華夏」、「佛光普照」……等匾。

　　門聯有「關塞鎮荊襄伐魏拒吳成帝業，聖賢扶社稷興劉後漢奠天朝」、「武德頌千秋浩然正氣參天地，聖名崇萬世大炎神恩祀古今」、朱玖瑩書的「秉燭讀春秋氣壯河山為世法，單刀征吳魏忠昭日月作人師」與「浩氣震曹奸義留春秋□□□，丹心扶漢室忠昭宇宙祀馨香」、「大義昭昭億萬世民垂宇內，聖恩浩浩千百年澤被人間」、「帝德壯山河神威顯赫光華夏，君恩垂宇宙廟貌莊嚴鎮漢邦」、「關安社稷武聖稱神先武穆，帝讀春秋文衡列聖繼文宣」、「關山日月常耿耿神威不泯，帝德乾坤大魏魏廟貌重新」。

圖 5-21　「浩浩其天」與「千古之英」

二十、五瘟宮

　　五瘟宮因為移至民宅長期奉祀，於民國九十二年整修、重建，因此匾額都是癸末年（西元 2003 年）交誼境所贈，除「安慶堂五瘟宮」廟額外，癸未年臺南西門水流城隍祠贈「五瘟大帝」、癸未年屬王和志壇贈「五于瘟神」、丁亥年（西元 2007 年）慈蔭亭「如保赤民」。

圖 5-22　「五于瘟神」與「五瘟大帝」

〔註24〕因重慶寺已是密宗傳教場地，與其他寺廟的互動都已暫停，故八吉境贈匾時未列名。

二十一、彌陀寺

「彌陀寺」廟額為嘉慶乙未年立,其他匾有「彌陀寺」、「超然世界」、「保我群生」、「大雄寶殿」、民國次屆庚申年(西元 1980 年)弟子林金城敬立「圓通寶殿」、「西方聖人」。

圖 5-23 「彌陀寺」與「保我群生」

碑誌有嘉慶十年(西元 1805 年)「重建彌陀寺碑記」、昭和四年(西元 1929 年)「彌陀寺重修碑記」。

二十二、祀典武廟

御匾有西元 1669 年寧靖王朱術桂獻「古今一人」〔註25〕,咸豐七年(西元 1857 年)「萬世人極」。

乾隆五十九年(西元 1791 年)年台澎巡道楊廷理「大丈夫」〔註26〕是林爽文事件相關文物、蔣元樞「天地同流」,馬使爺廳另有蔣允焄所題「神周海表」。

圖 5-24 「古今一人」與「萬世人極」

圖 5-25 「大丈夫」與「至聖至神」

〔註25〕原版已遺失,現為復刻板。
〔註26〕引自孟子滕文公篇下「富貴不能淫,貧賤不能移,威武不能屈,此之謂大丈夫也。

　　另有廟額「武廟」，門額「祀典武廟三代廳」、「武廟三代廳」、昭和己巳年孟冬武廟六和境尊義堂重修後所贈的「馬使爺」門額、「祀典武廟觀音廳」、「五文昌帝君」、「祀典武廟延平詩社」、「尊義堂」。

　　其他有西元 1715 年匾蹄雕成半裸金童、玉女的「誕育聖神」、西元 1781 年「正氣經天」、西元 1793 年「聖麻顯庇」、西元 1806 年「軼倫超群」、甲戌年西元 1814 年「人倫之至」、西元 1825 年「日星河嶽」、西元 1826 年「西社」、西元 1851 年「至聖至神」、西元 1854 年「海日天中」、西元 1885 年「文經武緯」、西元 1890 年「至大至剛」、「文武聖人」、「義烈長昭」、「義範昭垂」。

　　楹聯有觀音廳「海北雲行神威廣運，瀛東日上浩氣常存」、「隨處化身不生不滅，大慈大悲救苦救難」，文昌帝君殿門上有一副對聯「文德昭天觀象北斗昌期盛世化施南疆」；柱子上有一副昭和四年西社敬謝的「千古英名垂宇宙，一生忠義滿乾坤」，另有「桃園繼首陽或異姓或同胞千古難爲兄弟，將軍與丞相一託孤一寄命萬世知有君臣」。

　　前殿三川門兩邊牆上有「重修關帝廟碑記」與乾隆五十四年（西元 1789 年）府知事楊廷理所書「重修郡西關帝廟碑記」，碑上方有雙龍抱珠圖浮雕，詳載林爽文之變時，武聖關公種種顯靈之事。

二十三、永華宮

　　清匾爲乾隆十五年（西元 1750 年）廟額「永華宮」，西元 1829 年「廣澤尊王」。

　　日治有大正四年「保安尊王」。癸未年蘇厝第一代天府爐下獻的「全臺開基」，甲申年屏東五台山靈隱寺獻「威德宏揚」與高雄鹽埕埔郭王會獻「永威鎮華」。

圖 5-26　「廣澤尊王」與「保安尊王」

　　「廣慶昆興」是民國五十七年由主普聯誼〔註27〕所贈，另有兩幀「廣澤尊王」及「廣恩沛澤」、「鳳山延靈」等匾。

　　聯柱有「永奠神基恩覃百姓，華榮國運祀配千秋」。

二十四、萬福庵

　　清代古匾有嘉慶八年（西元1803年）林朝英所題三塊匾額，分別爲「三寶殿」、「萬福庵」與「小西天」〔註28〕，另道光二十二年（西元1842年）「感應昭誠」。

圖 5-27 「萬福庵」與「三寶殿」

二十五、開基武廟

　　除廟額、門額有「開基武廟」、「聖明堂」外，清代匾額有乾隆四十一年（西元 1776 年）增建後殿「文武殿」眾弟子敬立「衡文天闕」，嘉慶十一年（西元1806年）重修後重興首事立的「行大道」，光緒二年（西元1876年）「立人極」。

　　民國庚辰年（西元1940年）「至大至剛」、庚寅年（西元2010年）前殿開闔啓扉時，大陸泉州通淮關岳廟的「乾坤正氣」。

圖 5-28 「衡文天闕」與「行大道」

〔註27〕主普聯誼分別是柱仔行永華宮、米街廣安宮、頂大道興濟宮、下太子昆沙宮和位於府城外的中營慶福宮。五間廟各取廟名的第一個字當作匾額互贈。
〔註28〕重建時，由弟子阮昌成所獻林朝英書。

　　楹聯以廟前嘉慶優貢生黃本淵「漢代精忠耿耿日星並煥，臺城肇祀巍巍宮闕重新」最著名。神龕前「入此廟當要出此廟，莫混帳磕了頭去；拜斯人便要學斯人，須仔細捫著心來」、「乃文乃武乃聖乃神扶四百載承堯之運，自東自西自南自北如七十子服孔之心」、「詭詐奸刁到廟傾誠何益，公平正直入門不拜無妨」。

　　碑誌有七塊，嘉慶二十三年（西元 1818 年）「重興開基武廟台郡郊舖紳士捐金碑記」與「重興開基武廟本境郊舖紳士捐金碑記」，光緒二年（西元 1876 年）「重興開基武廟外境郊舖紳士捐金碑記」及「重興開基武廟內境郊舖紳士捐金碑記」，大正十五年「開基武廟境內外境眾郊舖紳商捐金碑記」，民國三十五年「開基武廟丙戌年重修碑記」、民國五十八年購施祐家院落大厝，民國六十二年籌建施工，拆除「公議不可寄棧貨物」碑，完工後於民國六十五年立的兩塊「開基武廟二屆丙辰年重修捐獻碑記」，民國七十六年（西元 1987 年）新建金爐所立的「新建金爐碑」。

二十六、全臺首邑縣城隍廟

　　廟門上的「爾來了麼」，意指「你因心有所虧、良心發現而前來求我的吧」。另有「威庇黎庶」、「陰靈陽顯」、「保境佑民」、「神威顯赫」、「神威顯靈」、「威靈顯赫」兩方、「護國佑民」兩方、「幽明顯靈」、「縣冥首載」、「幽明顯赫」、「神澤民欽」、「聖德濟民」、「夜巡」等匾，二十四司神龕上方各有「主考官」匾，書各司的名稱及「臨水夫人」、「註生娘娘」的門額。

圖 5-29　「幽明顯靈」與「威庇黎庶」

　　門聯：「陽報陰報善報惡報速報遲報豈曰無報，天知地知神知鬼知你知我知莫云不知」，「為善不昌子孫有餘殃殃盡則昌，萬惡不滅祖宗有餘德德盡則滅」。

二十七、祀典大天后宮

清代御匾有六幀，康熙二十三年（西元 1684 年）「輝煌海澨」、雍正四年（西元 1726 年）「神昭海表」〔註29〕、乾隆五十三年（西元 1786 年）「佑濟昭靈」〔註30〕、嘉慶三年（西元 1798 年）「海國安瀾」、道光二十八年臺灣道徐宗幹奉旨題封「恬波宣惠」、咸豐三年（西元 1853 年）「德侔厚載」〔註31〕、光緒七年（西元 1881 年）「與天同功」，其中「德侔厚載」及「與天同功」二方匾，為清代皇帝御賜且流傳至今之真匾，價值性自然最高，見證了大天后宮在臺灣的官方寺廟地位。

清官員書贈的有雍正元年（1723 年）福建水師提督藍廷珍親赴大天后宮獻手書「神潮徵異」〔註32〕，並於上額款書：「康熙辛丑年夏六月，余統師平台，舟至鹿耳門時，海潮盈添數尺，舟師得被勇並進，先克安平，皆神明顯應之力，因額之以誌其靈異云。」，為大天后宮現存年代最早的匾額。

道光四年（西元 1824 年）臺澎掛印總兵所獻鎮守福建臺澎掛印總兵官蔡萬齡敬立「德配蒼穹」、道光五年臺澎兵備道孔昭虔所獻，按察使銜福建分巡臺澎兵備道兼提督學政前翰林院編修闕里孔昭虔敬立「環瀛偏德」、道光十二年臺灣府知府呂志恆「慈航普渡」、道光十二年張丙事件後，次年欽差大臣盛京將軍瑚松額的「母德敷天」、道光二十三年閩浙總督怡良〔註33〕

〔註29〕 北京故宮檔案卷存禮部尚書三泰題本：「嗣經巡臺御史禪濟布等奏請，荷蒙皇上特頒御書『神昭海表』匾額，敬懸湄州、廈門、臺灣三處。」由臺灣鎮總兵林亮暨文武官員懸掛。

〔註30〕 故宮檔案：乾隆五十二年分別頒賜湄洲、廈門天后宮匾額、對聯各一副；翌年四月復傳上諭：「著於天后宮舊有封號上加『顯神贊順』四字，用答神庥而隆安侑，並再書匾額一面，交福康安等沿海廟宇鷹懸掛處，敬謹懸掛。」即御賜「佑濟昭靈」匾額。

〔註31〕 《臺灣文獻叢刊》〈大清文宗顯皇帝實錄〉卷一百一：咸豐三年（西元 1853 年）七月二十四日記錄：「以神靈顯佑，頒福建臺灣府天后廟御書匾額曰『德侔厚載』。

〔註32〕 康熙六十年，朱一貴起兵，稱「中興王」，俗稱「鴨母王」，在大天后宮登基踐祚，為藍廷珍所敗。

〔註33〕 上款為「壬寅冬使者以公幹奉命渡臺舟至大洋狂飆甚作巫禱天后尊神立即風和浪靜安抵臺陽神之佑人曷其有極謹獻額言用伸答謝」，下款為「欽差大臣兵部尚書閩浙總督怡良敬題」

「慈航福庇」〔註 34〕、同治七年（西元 1868 年）欽加提督銜掛總兵官劉明燈「德媲媧皇」、同治九年淡水同知富樂「湄嶼慈雲」、同治十三年福建後補縣丞沈繼曾「天南保障」、光緒元年「與天合德」〔註 35〕、光緒六年福建建寧總兵羅洪標「母德如天」、「鯤海慈航」是光緒十四年臺灣建省的文物、光緒十五年記名簡放提督張兆連率子等「靈助平蠻」、光緒十六年基隆同知權知臺南府事方祖蔭贈「至哉坤元」。

府城三郊在道光元年，由總事三郊蘇萬利、金永順、李勝興、陳瑛疆仝立所獻「貺昭慈濟」、同治四年（1865 年）三郊維修後獻蝙蝠造型的「一六靈樞」，自此後三郊已無力整修大天后宮。其他有道光十四年信士王銑的「大哉坤元」、「天后宮」廟額、「觀音菩薩」門額、「大雄寶殿」門額、「厚德承天」、「護國庇民」、

日本國昭和四十九年四月十四日，日本國岐阜市長上松陽助贈「霧顯扶桑」、「淨心無二」、大正九年臺北慈聖宮平樂社「慈雲寰海」、大正十一年（西元 1922 年）新竹同樂軒「母儀稱聖」、臺南廳長松木茂俊敬獻「靈昭海國」、大正二十五年（西元 1936 年）嘉義德義堂「海靜波恬」。

民國四十年（西元 1951 年）臺南市長葉廷珪「護國佑民」、民國五十五年（西元 1966 年）連震東「海不揚波」、民國丙辰年臺南市長張麗堂敬立「聖父母廳」門額、民國六十年（西元 1971 年）南鯤鯓「佛光普照」、民國六十一年（西元 1972 年）國立歷史博物館館長王宇清「光昭玉牒」、民國八十年（西元 1991 年）李登輝「海慶安瀾」、民國八十九年（西元 2000 年）角宿天后宮「普濟群生」、民國九十三年（西元 2004 年）陳水扁「慈雲惠濟」、民國九十七年（西元 2008 年）馬英九「慈航普濟」、新港奉天宮董事長敬獻「梳妝樓」門額。

〔註 34〕道光二十二年（西元 1842 年），中英鴉片戰爭發生，訂立南京條約，香港割讓給英國，臺灣知縣姚瑩捕殺英人 150 多人，清廷派兵部尚書閩浙總督怡良渡海來台捉拿姚瑩解京定罪，海中遇颱風危急之際，亟禱天后尊神，立即風平浪靜，安抵台陽，公幹完成，致贈「慈航福庇」，以謝神恩。

〔註 35〕光緒元年，光緒乙亥夏五月激等隨侍王大中亟由省渡臺舟次南日颶風大作莫能威荷前於是相率禱之神慈默佑安抵坎城敬獻此額以誌靈貺（元年）候補知縣王金城候補知縣王瑞民候補同知何激候補知縣八十四候補知縣程森候補府經歷陳實仝敬立前浙江石門縣知劉熇敬書

圖 5-30 「德侔厚載」「與天同功」及「平臺記略碑記」

　　碑石則為康熙二十四年（西元 1685 年）施琅立的臺灣最早清代石碑「平臺記略碑記」、乾隆四十三年（西元 1778 年）蔣元樞立「重修天后宮碑記」、道光十年（西元 1930 年）「重興大天后宮碑記」及「重興碑記」與乾隆「重修天后宮增建更衣亭碑記」。

二十八、廣慈院

　　「廣慈院」廟額直接說明寺院名稱與佛法利生的宏旨，落款康熙三十一年（西元 1692 年）是創建時所立，距康熙二十二年清領臺灣僅僅九年，是目前所存最早的清代匾額。「慧明普照」為道光年間所立的匾；咸豐三年（西元 1853 年）「慈雲流蔭」、光緒二年（西元 1876 年）「廣布在慈」、光緒十年「慈航普渡」。

　　民國有庚寅年蔡連「妙賢法」、民國五十三年「梵宇重光」、庚申年廣慈院第二屆管理委員會「五福大帝」、民國八十一年第六屆「法界同慶」、癸未年第九屆「大慈大悲」、民國八十一年臺南市佛教會「廣法普慈」、「慈航普濟」。

圖 5-31 「廣慈院」與「慧明普照」

門側「廣結眾緣燈果塗香花水樂，慈修三昧忍勤智慧戒施禪」，五福大帝的門聯「五士同心捨身成仁護蒼生，福庇黎庶代天宣化封大帝」。

碑誌道光二十六年「重修廣慈院碑記」、民國七十二年「廣慈院重修碑記」、民國七十七年「廣慈院奉祀五福大帝事蹟及緣起」、西元二○○○年第八屆管理委員會「廣慈院功德堂修建沿革」。

二十九、重慶寺

於西元 2012 年 2 月 25 日進行建築物修復。廟額「重慶寺」與「重慶寺」匾外，最早是清後補同知吳春祿的「善惡攸分」，次為日治戊申年大南門興南宮〔註 36〕「廣渡迷津」，最後是民國四十六年（西元 1957）董事立「參最上乘」，民國五十七年（戊申年，西元 1968）落成時，同八吉境交誼境的贈匾：楊仔林朝興宮保和宮〔註 37〕「佛道光輝」、總趕宮「普施恩澤」、昆沙宮「慈航慧海」、關帝廳「佛光普照」及爐下「普渡眾生」。後因改為密宗白教傳教，遂與其他民間信仰寺廟較少互動，且也無大型的修建，故直到本研究完稿前並無再增加贈匾。

大殿正門對聯「善事爾需行龕中有菩薩，邪心誰莫殿上有閻羅」，說明所供奉神佛；右邊對聯「俎豆馨香佛鄰大成聖廟，晨鐘暮鼓寺近忠烈神祠」，述說臨近建築。另尚有「重光慧日高西天來古佛，慶幸慈航近苦海渡蒼生」、「多福自求唯造福方能得福，昊天可問緣順天乃復勝天」、「若不回頭誰替你救苦救難，如能轉念無須我大慈大悲」、「事在人為休言萬般都是命，境由心造退後一步自然寬」、「看他滿腹歡顏卻原是菩薩化像，願你清心滌慮好去睹金頂祥光」、「解去塵氛願爾休作隱蔽惡，脫離苦海看我大開方便門」等楹聯。

圖 5-32　「廣渡迷津」與「參最上乘」

三十、海安宮

除了「海安宮」廟額外，乾隆五十三年（西元1788年）廟竣工後，乾隆御書「佑濟昭靈」〔註38〕、乾隆時嘉勇公福康安〔註39〕因林爽文事件立有「恩溥天池」。嘉慶六年總兵愛新泰〔註40〕因鹽水港陳錫宗事件立的「惠及戎黎」與嘉慶戊寅年王得祿〔註41〕「聖慈母德」。民間則有道光二十六年（西元1846年）三郊「海邦濯靈」、道光二十八年（西元1848年）施瓊芳「鏡砥覃熙」。

圖 5-33 「佑濟昭靈」與「海邦濯靈」

民國的匾額有戊子年（民國三十七年，西元1948年）重建中殿後開光由台東市郭文山、謝樹木獻的「慈雲永護」、藥王廟（當時仍稱爲「藥皇廟」）所贈的「寰海鏡清」。己亥年（民國四十八年，西元 1959 年）聖誕時由神明會「協聖堂」贈的「海國安瀾」；因重建安座入廟時所贈的有乙卯年（民國六十四年，西元 1975 年）信徒獻的「慈德護民」、戊午年（民國六十七年，西元 1978 年）由正統鹿耳門聖母廟贈的「母德慈聖」。丁巳年（民國六十六年，西元 1977 年）的「護國佑民」。

民國六十九年（西元 1980 年）新建落成建醮時的交誼境所贈的爲：鹿耳門北線尾媽祖宮開基天后宮的「佑民無疆」、中華民國道教會臺灣省臺南市支會的「慈雲廣被」、營仔腳朝興宮的「德媲媧皇」、中國國民黨臺南市黨部的「國泰民安」、三協境藥皇廟的「湄洲傳香」、西羅殿的「德配蒼穹」、四安境金安宮的「與天合德」、外關帝港厲王宮的「海靜民安」、四安境良皇宮的「德配蒼穹」、西羅殿神明會「尊敬堂」的「母儀稱聖」、水仙宮的「瀛海慈航」、海安宮第一屆管理委員會的「湄洲淵源」、佛頭港崇福宮南沙宮顯心境的「鎮

〔註38〕該匾毀於美軍空襲，目前所存爲「仿製品」。
〔註39〕官銜「欽命御前大臣經筵講官太子太保内大臣議政大臣協辦大學士吏部尚書尖兵部尚書陝甘總督將軍一等嘉勇公」
〔註40〕官銜「欽命加提督福建台澎水路等處地方掛印總兵官世襲恩騎尉加軍功二級」
〔註41〕官銜「欽命提督福建全省水師等處地方軍務統轄台澎水路官兵二等子爵世襲軍功加五級尋常加一級」

港守護」、灣裡聖安宮的「財祿彌得」、海安宮神明會「聖母壇」的「註彌賢郎」。老古石境正義堂朝龍宮在壬戌年（民國七十一年，西元 1982 年）媽祖聖誕時也贈「威震湄洲」。丁丑年（民國八十六年，西元 1997 年）菱洲宮贈「與天同工」。

　　政要贈與的有民國六十七年（西元 1978 年）市長蘇南成的「大哉神恩」與九十三年（2004 年）陳水扁的「厚澤惠民」。

　　月井旁的碑碣有康熙二十八年（西元 1689 年）「臺灣郡侯蔣公去思碑記」與康熙五十六年「臺灣海防同知洪一棟記功碑」二方石碑，其中出自康熙名臣李光地之手的「臺灣郡侯蔣公去思碑記」歷史久遠，堪稱是臺灣年代最古老的五塊石碑之一〔註42〕。

圖 5-34　「臺灣海防同知洪一棟記功碑」與「臺灣郡侯蔣公去思碑記」

〔註42〕 最早古碑為現存大天后宮之施琅「平臺紀略碑記」

三十一、媽祖樓天后宮

媽祖樓天后宮因為祝融關係，除賜進士出身文林郎臺灣府教授唐山於乾隆乙亥孟秋穀旦敬書的「聖奠鯨波」〔註43〕與西元 1841 年「海天獻瑞」外，目前廟體上的匾額大多是丁亥年重建後所贈。

「媽祖樓天后宮」廟額與「玉勅巡狩李府千歲」門額，丁亥年落成五朝建醮交誼境贈匾有六與境保西宮的「天上聖母」、神明會和意堂「聖母配天」、下南河南沙宮「護國天后」、祀典大天后宮「成道渡眾」、威皇壇「威靈萬世」、四聯境金安宮、集福宮、普濟殿合贈「弘化佑民」、開基下太子昆沙宮「后德配天」、佛頭港崇福宮「聖德配天」、仁厚境福德祠「代天行化」。全台西來庵贈「鯤海慈航」、開山王廟「永護蓮瀛」、分靈廟「母儀稱聖」。

圖 5-35 「聖奠鯨波」與「聖德配天」

三十二、西羅殿

「西羅殿」廟額外，三方古匾是咸豐四年欽命台澎水陸掛印總兵官桓計的「恩佑全臺」，光緒年間裔孫榮方「保安天下」，光緒甲午裔孫天寶偕男維曲的「鳳山古地」。

圖 5-36 「恩佑全臺」、「保安天下」與「鳳山古地」

〔註43〕 上款二行字：第一行「乾隆乙亥年孟秋穀旦」是乾隆二十年獻匾（西元 1755 年），第二行「道光庚子年本廟重修」。下款「賜進士出身文林郎，臺灣府教授唐山敬書。」。清初教官於府儒學設「教授」一名，縣儒學設「教諭」一名，雍正十一年（西元 1733 年）後，府儒學、縣儒學各加「訓導」一名。唐山任職府學教授在乾隆十七年至二十二年間。

　　正廳神龕有 1966 年 8 月蔣經國的「保安天下」〔註44〕，謝東閔任臺灣省議會議長的「護國庇民」石匾，1988 年國策顧問郭寄嶠的「庇佑萬民」，2002年陳水扁的「福澤廣被」。

　　此外有四方重複的「威靈顯赫」，以「廣澤」為題有「廣大恩澤」、「廣沛恩澤」、「廣被恩澤」、「廣澤海表」、「廣澤尊王」、「廣濟德澤」。

　　分靈寺廟所贈「祖靈顯赫」、「淵源永固」、「淵源深遠」、「萬世宗尊」。另「名揚四海」、「佑及華東」、「保國佑民」、「神威顯赫」、「神恩廣被」、「神通廣大」、「義格蒼天」、「福佑四方」、「鳳峨古今」。

三十三、水仙宮

　　廟體上十七幀匾，「大禹廟」廟額外，為「神威顯赫」、「教化羣黎」、「德參天地」、「護國庇民」、「靈昭四海」、「德垂萬世」、「功齊天地」、「弘仁普濟」、「海國慈雲」、「澤庇蒼生」、「威庇黎庶」、「鹿耳淵源」、「萬水朝宗」、「護統澤國」、「恩覃海國」、「靈昭四海」。

圖 5-37 「大禹廟」與「萬水朝宗」

　　記載祭祀禹王與水仙「禹域靖波瀾拓黃河開樂土，王恩彌社稷安赤崁奠神州」、「水德滋毓萬民率土清流延赤嵌，仙宮顯揚澤國狂瀾倒挽靖玄灘」。道光甲午年浙江寧紹台道前知臺灣府事鄱陽周燕題書「霞蔚雲蒸大雅輪扶天北斗，山輝川媚群材羅自海東嵎」。

　　水仙宮附近居民清除廟前荒穢，疏濬港道汙塞，蔣允焄於乾隆三十七年

〔註44〕據傳清末宣統皇帝曾得天花，群醫束手無策，郭聖王化成一位老者來治病，立即將他治癒。事後問郭聖王尊姓大名，尊王笑而不答；再問為何見天子而不跪？仍面帶笑容一面倒退而行，退到牆根不見人影，牆上卻出現「鳳山寺」三字；朝廷立即詔察「鳳山寺」在何處，終察獲在泉州，遂賜封『天下第一王』，此即為「保安天下」四字之由來。

七月說明的「水仙宮清界勒石記」和大正六年「重修水仙宮碑記」〔註45〕。
水仙宮為昔日府城郊商聚議和船戶活動地方便公告周知，嘉慶元年四月府方
公告的「嚴禁海口陋規碑記」。

三十四、開基陰陽公廟〔註46〕

陰陽公廟在田調時已移到行宮，大部分的匾、聯、碑已拆除，只剩道光
丙午年（道光二十六年西元1846年）「陰陽都總管」匾。

圖5-38　陰陽都總管

第二節　造像藝術

神像是民間信仰最具體的文化表現。東漢時，隨著佛像輸入，才興起塑
神像之風，亦以爐（天公爐、三界公爐）、牌（令牌、牌位）、自然物（樹、
石）、令旗及爐丹（香火）來代表神靈。漢人的祭祀行為，習慣上希望有具象
化投射，作為存在依託，神像是化無形為有形，滿足崇祀對象具象化，可以
具體感受神明存在，提供崇拜者與神建立關係的方式〔註47〕。

寺廟是供大眾使用的公共建築，結合雕刻、彩繪、詩文、泥塑……等藝
術，也是民間藝術活動的中心，在歲時節慶、祭典廟會上出現的民間技藝、
地方戲劇、陣頭遊行……等表演，為民俗文化維續發展的場所。

本節以神像造型、寺廟建築及文物中，特殊者做搜集與記錄。

〔註45〕碑文中稱該廟興建於清康熙癸未年（康熙四十二年，西元1703年），與蔣允
　　　　焄所撰碑記中稱該廟興建於康熙五十四年不同。
〔註46〕舊廟體已於2011年底拆除。
〔註47〕林瑋嬪：〈神的具形化：談漢人的神像與乩童〉《「物與物質文化」學術研討會
　　　　論文集》，2002年，頁3。

一、主祀醫藥神

（一）神農大帝

神農大帝有兩種形象，一為頭角崢嶸、袒胸露臂、腰圍樹葉、赤手跣足、踞然而坐，手持稻穗或草藥，象徵與洪水猛獸爭鬥的原始裝扮及教民耕種、嘗百草的祖師。牛首人身強調聖人啟迪民智之意。另一為穿戴帝王的衣冠束帶，玉面長髯，表現民族始祖的帝王氣象與愛民護民的仁智風範。

1. 藥王廟

一樓正殿主祀藥王大帝，耆老表示最早供奉原始裝扮的神農大帝，後來神像遺失，新雕塑的神農大帝與康熙十五年（西元 1676 年）福州雕刻師父再雕刻大王、二王、三王三尊神像擺置一樓正殿，右龕除了祭祀白府千歲之外，另供奉有臺廈道梁文科﹝註 48﹞的牌位、臺灣道蔣允焄﹝註 49﹞的長生祿與東漢神醫華陀的神位、左龕則供奉媽祖、寄祀的觀音與婆姐。

三樓主殿神龕也是供奉三尊藥王，帝王造型的神像身旁尚塑有服侍的太監與協助煉藥的童子，龍龕祀註生娘娘、虎龕祀福德正神。藥王廟坐西朝東與水仙宮相對，在風水上與五條港末端坐向朝西之五廟合稱六部。昔日水仙宮廟前一對旗杆，沖煞大王右眼，修補多次無法抹去傷痕，故刻大王副駕並列供奉。

圖 5-39　華佗神位與神農大帝及門釘

﹝註 48﹞臺廈道梁文科：梁文科正白旗舉人。於康熙五十四年任；五十七年升任廣東按察使。梁文科於康熙五十五年，在寧南坊‧建龍神廟；在鎮北坊，建田祖廟；康熙五十六年，擴建萬壽宮。

﹝註 49﹞廣東等處提刑按察使司原任臺廈兵巡道兼理學政恩主大老爺梁諱文科長生祿位與賜進士出護理福建分巡臺灣道兼提督學政臺灣府正堂前翰林院檢討加七級紀錄六次大功德主蔣諱允焄長生祿位。

廟貌雖新但三樓則仍留嘉慶和道光十一年的石香爐及同治八年籤桶等文物。門上排列了 91 個門釘。一般以 9 為基數，81 為極限，表示不敢逾越皇宮門扉的 108 個，藥王廟釘上 91 個門釘，是顯見地位之崇高。據訪談的林委員所敘原先的廟門是彩繪門神，在重建現貌時才改以門釘。

2. 神農殿

南側牆上石雕碑文是神農大帝聖蹟，北側牆上石雕國畫形容昔時小北門五穀市集情形是由蔡卓如先生直接在廟內石板上繪畫雕刻。以二十四節氣為門神是一特色，與元和宮是同管理委員會，建築類型相似。

圖 5-40　二十四節氣浮雕門神與小北門五穀市集情況

（二）保生大帝

自宋代醫學書籍的流傳，打破「醫者」是社會特殊階層與封閉知識傳遞況狀，產生「儒醫」與「尚醫士人」，醫者常兼儒、道、醫三種身分。保生大帝的造型就兼有這三種氣息。民眾私諡「醫靈真人」，凸顯「醫」與「道」身份。《同安縣志‧方外》：「既歿之後，靈異益著，民有瘡瘍疾疢，不謁諸醫，惟侯是求」，生前醫療採用巫術，既「醫」也「道」。需藉由巫術來加強效果的印象在民眾心中成為記憶，表現在傳說中。

宋寧宗時敕封「忠顯」，將神格晉陞為「侯」；明太祖洪武五年敕封「昊天御史醫靈真君」，明仁宗晉封「恩主昊天金闕御史慈濟醫靈妙道真君萬壽無極保生大帝」，推至帝王神格。因此神像造型除通壽（抱壽）〔註50〕外，也有頭戴垂旒冠冕，雙手持笏的帝王造型〔註51〕。

〔註50〕通壽體（抱壽體、莊壽體）：神像為坐姿，雙手合抱擺於腹部。
〔註51〕手持玉笏（奏板）：神像為坐姿，雙手合抱玉笏擺於胸前。「笏」俗稱手板、笏板，是古代大臣上朝時拿的弧形板子，上面可以記錄參奏內容或旨意。

1. 開山宮

據說明寧靖王因是開台首宮陳稜將軍的開台功勳，將廟名以「開山宮」
進封。

依廟方資料：

> 明永曆二十八年西定坊官紳捐資，自唐山運材至臺改建開山宮，土
> 塑七呎鎮殿大帝神像，約二百餘公分。

主祀大道眞人保生大帝，同時主祀感天大帝許遜與天醫眞人孫思邈，是最典
型「三眞人」信仰。另有從祀神三十六神將的木雕。

原爲「將軍祠」，前龕供桌上供奉的陳稜即爲「隋虎賁將軍」，另有神位
與畫像。

圖 5-41　帝王雙手執笏造型的開山宮鎮殿〔註52〕保生大帝

圖 5-42　鎮殿保生大帝（泥）塑

〔註52〕　由於民間咸信，鎮殿神尊所在之位係廟之龍脈所在，因此不宜隨意移動，故
　　　　會另塑「分身」（又稱「副駕」）以爲代表。而「二鎮」的稱呼，即表示「第
　　　　二尊鎮殿神像」之意，是相對於廟宇的「鎮殿神尊」而言，這樣的稱呼與分
　　　　別，主要盛行於臺南市區。

圖5-43 三十六神將木雕與其一五顯靈官、儀仗牌〔註53〕

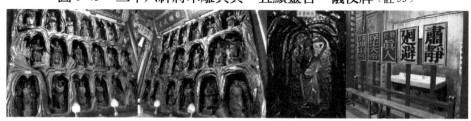

2. 興濟宮

興濟宮主體建築採閩南式木構磚造，坐北朝南與大觀音亭為鄰，與大觀音亭位同基座上，和大觀音亭中間所聯結的官廳，以八角月門相通。面寬三開間深三進，由裝飾豐富的三川殿、龍虎井、拜亭、正殿與過水廊後方的後殿組成。

廟前原有前庭及一對王得祿捐建旗桿連座及石碑，拓寬道路時拆除。門口石獅是嘉慶、道光年間雕刻製作，雄獅腳踩繡球，雌獅逗弄著小獅，獅嘴裡常見信徒表慰勞的糕餅。側廊牆下石刻以雙龍紋飾分別構成「福」、「祿」二字，四周綴以雲紋與蝙蝠，意喻「福氣降臨」。

屋頂裝飾華麗是中央抬高的「三川脊」，屋脊上並置有琳瑯滿目、色彩繽紛的福祿壽三仙、龍、鳳……等剪黏裝飾。「單龍盤柱」石雕龍柱是同治年間作品，龍爪分握元寶、寶珠、葫蘆、芭蕉扇、錢幣、琴、書、劍、靈芝八寶法器，柱底雕刻鯉魚自波濤中跳起的「鯉魚躍龍門」景象。

廟內彩繪與大觀音亭同樣出自彩繪名師陳壽彝的手筆，門神是以金線描繪輪廓的「金邊勾勒」手法彩繪的秦叔寶與尉遲恭。兩側門的是保生大帝轄下三十六將官。廟壁石堵雕有麒麟，左踏葫蘆、犀角、筆碇，右踩琴、棋、書畫。

正殿泥塑鎮殿保生大帝與江仙官、張聖者都是王得祿整修時新塑。神案前設有治療腮腺炎的泥塑「黑虎將軍」與專屬供桌。並設置有三個藥籤筒〔註54〕，

〔註53〕執事牌、長腳牌是古代帝王、將、相、官員出巡的前導隊伍的儀仗之一，演變成神明出巡鑾駕的儀仗，內容包括了涼傘、儀杖、執事牌，及各種象徵吉祥避邪的寶器；神明階級不同，或神職的區隔，書寫神明稱謂之外，還會加上敕封、玉敕、褒封、褒忠……等字樣，用於暗訪、夜巡、繞境、巡狩時，會有肅靜、迴避……等字樣。

〔註54〕分大人內科、眼科、小兒科及外科四大類，其中小兒科與外科共用一個藥籤筒。

供信眾依所需，自行擲筊、占取各科別藥籤籤方。後殿「聖父母廳」屋脊屬於燕尾硬山式之風格，上覆青筒瓦、綠釉瓦當、滴水，古意盎然，供奉聖父母神像及「敕封聖父諱通協成元君、聖母黃氏玉華大仙全神位」，陪祀三官大帝、南北斗星君，配祀福德正神、五營兵將。

官廳為文武官員前來祭祀、休息整裝的場所、是全臺灣目前碩果僅存的唯一官廳。

圖 5-44　興濟宮的運、藥籤筒與聖父母神像、神位

3. 良皇宮

良皇宮位於西定坊，與沙陶宮、海防廳土地廟、保安宮、豪林宮（神興宮）組成「四安境」，防守小西門及外新港。

現貌是民國五十一年重修，前殿一層後殿三層；前殿有拜亭、三川殿、拜殿、正殿，後殿一樓是觀音殿，二樓中山室，三樓是父母廳。廟內的龍柱、琉璃天燈、黑虎將軍、武身保生大帝是最大特色。2011 年農曆 6 月開始整修，目前（2012 年）後殿在整修工程進行中，前殿將在 2012 年農曆 6 月動工，預計還要再兩年的時間即可完工。由於工程進行中，廟公並不是很樂意讓人拍照，故只能簡單拍攝前殿部分神像。2014 年 3 月 26 日入廟安座。

圖 5-45　武身保生大帝與張聖者與江仙官

4. 福隆宮

同治元年劃歸「八協境」，即東嶽殿、大人廟、祝三多、彌陀寺、龍山寺、聖王公廟、龍泉井。目前與三老爺宮、東嶽殿、大人廟四廟交情至深，逢其中一間寺廟醮典，另三間則「聯普」，自古既今都沒有例外。

福隆宮正殿主祀保生大帝，同祀吳府千歲、關聖帝君與因西來庵事件乃輾轉改祀於福隆宮的原全台白龍庵五福大帝鍾部堂駕前孫、斌二尊軟身將軍（見第四章）。後殿奉祀觀音佛祖、註生娘娘與福德正神。

正殿地面上仍保留「硯石」〔註55〕的設置，據廟裡耆老敘說因早期廟的地板都是泥土地，特設一塊硯石讓信眾在求筊杯時筊杯可以順利翻轉。

圖 5-46　硯石與武身保生大帝

圖 5-47　孫將軍、斌將軍（軟身）、吳府王爺與趙將軍、康將軍

5. 元和宮

主祀保生大帝（源自福建白礁慈濟祖宮）與五福大帝，配祀謝府元帥及中壇元帥，後殿奉祀觀音佛祖。原有三個子弟館分別是歌仔戲館的慶南社、振樂社屬北管鑼鼓館、鳳鳴社屬天子門生的南管社。

〔註55〕拜石、拜砧：寺廟正殿地面中央的石板，為供祭拜者站立，以便行禮的固定位置。通常為長方形石板，亦可供擲筊之用。李乾郎，臺灣古建築圖解事典，台北市，遠流出版，2003 年，頁 73。

　　仿眞人比例小一號所完成的畢中軍神像，著淸朝官員一品文官服裝，頭外皮是以古法用紙所糊成。據耆老指出中軍爺有抽菸的習慣，原創畢中軍神像是右手持羽扇，左手執抽鴉片專用菸斗〔註56〕，每逢農曆八月十四中秋節前夕的聖誕，供品除了大禮「檳榔」外，還包括鴉片。日治時改用菸草代替，目前使用香菸。據說將點燃的香菸插進水菸袋後，在無人吸食下會燒到只剩菸蒂。〔註57〕

　　神轎繞境時，以前十四尊大仙尪仔〔註58〕會隨之同行，聲勢浩大。神轎繞境前會放禮炮三響，有光緒六年（西元1880年）月港護庇宮慶興堂贈的炮擔。

圖5-48　五福大帝

（左而右）振靈公趙君武、宣靈公劉子明、顯靈公張奭、應靈公鍾麟、揚靈公史成

圖5-49　什家將神像與畢中軍

〔註56〕目前因菸斗有三百多年歷史，爲避免宵小覬覦，廟方將之收藏，改用有一百多年歷史的水菸袋。

〔註57〕參考自2012年2月23日田調與廟方提供中國時報施鎰欽及中華日報彭奕峰報導資料。

〔註58〕是一種大型神偶各地對這類神偶各有不同的稱法，有稱爲「大仙尪仔」、「將爺」、「神將」或「童子」。通常廟宇神將數量由二到八尊最爲普遍。

圖 5-50　光緒六年月津護庇宮贈送的炮擔

二、同祀醫藥神

（一）保生大帝

1. 五帝廟

原稱觀音堂的五帝廟，曾被列爲府城七寺八廟之一。耆老黃董水治女士指出，原廟位現今中正路與忠義路交叉中心，日治大正十二年（西元 1922 年）因市區改正、建神社時被拆除，當時董旺（董水治之父）及境內信徒奔走募捐建廟，將舊廟建材重新組裝到今廟址。雖經多次重修與改建，仍大致保留傳統木造建築。

分爲前牌樓，三川門牌樓及正殿，後爲民宅（同建築體）。前牌樓是現存唯一閩北（福卅）建築風格，與三官廟牌樓相對應。

古物很多，自三川門牌樓廟匾至五彎枋雕繪，正殿瓜疊斗式木構造、神龕花罩雕刻、石聯柱、石香爐、供桌、古匾額。木石楠爲清代原廟重組之物。菱角燈是民國 62 年時爲紀念並見證安座 50 周年所贈的。

頂桌是同治年間所留下的古物，廟內存還有陳遠致所書的「西南得朋」、嘉慶元年（西元 1796 年）所立「福國佑民」，

潘春源〔註59〕於西元 1947 年畫的花鳥壁畫「紫藤八哥」與潘岳雄彩繪的門神、洪正霖書法，也是藝術文物。

五顯大帝即五顯靈官馬元帥，佛教稱「華光天王佛」，主驅逐瘟疫或技藝神，信徒多爲福州籍移民。武駕五顯大帝三眼、手拿著槍、金磚，是民國 40 年由人樂軒林亨琛（瘤師）所雕刻，當年開光時東嶽殿贈「神通廣大」匾。

〔註59〕潘春源 1819～1972 水墨、膠彩畫家 19 歲 1909 時在三官廟旁開設春源畫室 1910 首次於五帝廟畫作壁畫開始寺廟彩繪，長子潘麗水、孫潘岳雄。

　　2011 年廟方人員在神桌上發現白蟻，所以經過勘驗發現整間廟的木構件幾乎全都被白蟻侵食，正殿上方「大通」梁柱遭啃蝕成大缺口，面臨隨時倒塌的危機。甚至被置於玻璃保護罩內的神像，也遭到蟲蛀的命運。由於經費的不足與境眾信徒人數較少的關係，所以只能逐步對五帝廟進行搶救維修，持續對外募款，分階段逐次進行維修、復原，而先就開基五顯大帝與軟身保生大帝先進行整修的工作。

　　開基五顯大帝據廟方說已有 325 年歷史，在 2011 年重修時神像裡藏有神像命書，內寫有康熙年間字樣，在重修之前都以為是泥塑。同時整修的軟身保生大帝神像內也有文件書有「大清道光庚寅年花月」即為道光十年（西元 1830 年），與道光四年楓嶺營輪調的班兵獻了「帝德廣運」匾來推斷，同祀的軟身保生大帝的雕塑或許與浙江楓嶺營來臺駐紮有關，而且在 2011 年整修前，廟方還一直以為是五顯大帝。

圖 5-51　康熙年間的開基五顯大帝，左手持金磚，右手扶玉帶與潘春源紫藤八哥

圖 5-52　道光十年軟身保生大帝與民國 40 年人樂軒林亨琛武駕五顯大帝

2. 銀同祖廟

　　民國八十八年重建之鋼筋水泥單棟一進建築，左側另建有一廂房。前有廟庭，外以圍牆與城隍街相鄰，大門以宮娥為門神。

　　主祀神明為天上聖母、保生大帝及文昌帝君，頂、下桌為民國 46 年重建

時信徒所捐獻。右神龕奉祀註生娘娘，左神龕奉祀福德正神。銀同祖廟原為同安公廳，同祀的保生大帝應為同安人所興建的鄉土保護神。

廟左廂房陳列文物與銀同祖廟歷代先賢之長生祿位。所使用的頂、下桌分別隸屬道光壬寅年（道光 22 年，西元 1842 年與昭和 11 年（西元 1936）年）。

圖 5-53　宮娥門神與改建前銀同廟（廟方提供）

（二）天醫真人

1. 臺灣府城隍廟

蔣元樞重修時為四殿兩廂式建築。第一進前殿，依次正殿、後殿及大士殿。大士殿右側有紀念蔣毓英的「蔣公祠」，大門前建有一座戲臺〔註60〕。目前為坐北朝南，三殿兩廂房建築。前殿與正殿以拜亭連接成一體，拜亭以天井採光，左右有兩廂房，西廂房為文物陳列室，陳列紙帽、神衣、木製籤版、神轎等。廟址左側後方民國九十五年十月廟方購買重新規劃成「梅園」。

門神是潘麗水彩繪的秦叔寶、尉遲恭，兩側配手中拿著冠、鹿、爵、牡丹，代表「加官晉祿」與「晉爵富貴」的朝官，四人各拿一件如意，代表「事事如意」。門板雕刻「水淹金山寺」與「八仙過海」。

民間信仰認為城隍是主掌陰界，人逝世後靈魂由城隍爺主審，再經東獄大帝覆審，大算盤是在計算功過善惡，來決定升天或下地獄，殿上懸掛的大算盤〔註61〕，是府城隍廟特色，上框刻「臺南府城隍廟」，下框「丁丑年陳江

〔註60〕臺灣知府蔣元樞於 1778 年手繪《重修臺郡各建築圖說》說明，府城隍廟原本是座四殿、兩廂的寺廟建築，依次為頭門、正殿、後殿與大士殿。後來，為了紀念蔣元樞的貢獻，廟方在大士殿的右側，另外設置了一座蔣公祠。

〔註61〕有兩具，一懸掛在正殿上供人瞻仰；一放置在文物展示館內，城隍爺出巡時，此具算盤隨行。

山奉獻」，左右「善惡權由人自作，是非算定法難容」，城隍出巡時大算盤也隨之同行，是府城隍爺出巡時的重頭戲。

東嶽大帝與城隍爺的職能都是掌管人間生靈生死大事，所以庶民都非得禮敬不可，由於「東嶽殿」與「府城隍廟」坐落的位置相距不遠，故延伸出「會顧得東嶽，袂顧得城隍」〔註62〕的俗諺，意思是說無法兼顧或分身乏術、顧此失彼，相似俗諺有「會顧得城隍，袂顧得境主」。

正殿中龕主祀威靈公，配祀城隍夫人、文、武判官、七爺、八爺、甘、柳將軍及二十四司，後殿主祀觀音菩薩，配祀地藏菩薩、註生娘娘、天上聖母、福德正神、月下老人十八羅漢。

二十四司是城隍爺屬官，二十四司神像頭部可轉動。臺南民俗認為二十四司中「考功司」考核官吏成績，「學政司」管理教育與考運。考季時，「學政司」、「考功司」案前擺滿准考證影本。

「速報司」與「地獄司」造型最俱特色，「速報司」回報人間善惡給城隍爺，「地獄司」則對為惡者執行發落懲罰。

圖 5-54　「學政司」、「考功司」、「速報司」、「地獄司」

圖 5-55　城隍出巡大算盤

〔註62〕徐福全：《福全台諺語典》（臺北：徐福全，1998 年），頁 132。

2. 玉皇宮

華南式宮殿建築，前有光緒十三年照牆。正身有四垂拜亭，大門以一百零八顆的「乳釘」〔註63〕（「門釘」或稱作「門乳釘」）組合，代表辟邪鎮煞的三十六天罡與七十二地煞，拜殿兩側壁上有康、趙、朱、溫四元帥石雕塑。拜殿壁上有立體剪黏的三十六天罡神像。

圖 5-56　立體剪黏的三十六天罡神像

一樓正殿主祀三官大帝，左、右神龕為南斗星君與北斗星君。右側廂房依序為西斗星君、斗姆元君、中斗星君、東斗星君、司命灶君、北斗星君、天醫眞人、月老公、北斗星君、註生娘娘、五營兵馬神位。二樓內殿玉皇殿以木柵為界，不准閒雜人士及一般香客進入，殿前石獅與五爪九龍「九龍蟠雲石雕柱」。中央為玉皇上帝、左右為玉皇四殿下與玉皇三公主是嘉慶五年福州匠師所雕塑「軟身」神像。

二樓主殿迴廊廂房各有神明神殿，左側為盤古殿、三清殿、天師殿，右側是三寶殿、四殿下神殿、太歲殿、文昌殿。

盤古殿主祀盤古聖祖，左右祀太白金仙、太乙眞人；三清殿主祀三清道祖；天師殿中祀張天師左右同祀普化天尊與王靈天君；三寶殿主祀三寶佛祖，四殿下神殿則是主祀玉皇四殿下左陪祀玄天上帝右陪祀孚佑帝君，太歲殿主祀斗姆元君同祀太陽、太陰及六十位太歲星君，文昌殿主祀五文昌，分別為魁星帝君、孚佑帝君、文衡帝君、文昌帝君、朱熹帝君。

3. 東嶽殿

清代中葉擴建成三進雙護龍，外有鐘鼓樓的寺廟。西元 1942 年日本人進行街道拓建、市區改正，鐘鼓樓及三川門拆除，石獅被移走。民國六十八年

〔註63〕廟方理事陸堯山先生表示民國五十年代左右是彩繪三十六天罡與七十二地煞的門神。

建國路拓拜殿被拆除、廟門移到騎樓邊，僅剩二進。民國七十四年內政部指定為第三級古蹟，民國八十三年重修後，恢復為三進，正殿緊臨街道的狀況依然未改善。

目前三進兩廂坐北朝南，正、後殿及護龍維持舊貌，有康熙時神像及乾隆、嘉慶時石作、木雕。第一進是正殿神龕主祀東嶽大帝，陪祀彭祖、甘羅、天醫真人、牛頭、馬面、七爺、八爺、功德司與速報司，正殿後牆有「天官賜福」浮雕。

第二進是原後殿，主祀佛教四大菩薩〔註64〕之地藏王菩薩〔註65〕，陪祀護國尊王〔註66〕、朱匡爺（痘瘡之神）、十殿閻王、范、謝將軍、催魂、攝魄將軍負責各種文書行政以及拘押提訊的差事，十殿閻王職掌分轄十八層地獄。中殿與後殿壁堵上的「地獄圖」是描繪幽魂在地獄中受刑的狀況；第三進是新建的後殿，正龕供奉酆都大帝，轄管「酆都地獄」；陪祀註生娘娘、城隍爺〔註67〕。

抱鼓石及柱礎是古物，門柱上有寫於清乾隆時期反映出東嶽大帝特質的對聯「泰岱崇型，總司萬彙之命，天孫著績，寔掌群動之生」。

圖 5-57　甘羅太子、天醫真人、仁聖大帝、軟身仁聖大帝、彭祖爺

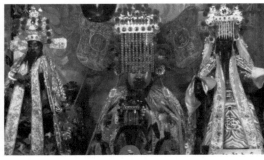

〔註64〕 佛教四大菩薩：大悲觀世音菩薩，大智文殊菩薩，大願地藏王菩薩，大行普賢菩薩

〔註65〕 誓言：「地獄不空，誓不成佛」，故常於地獄中，拯救眾生，稱「幽冥教主」。

〔註66〕 謝安，民間尊奉稱為「謝千歲」、「謝聖王」、「謝王公」、「謝老元帥」、「廣惠聖王」、「廣惠尊王」、「廣應聖王」、「廣應尊王」、「顯濟靈王」、「護國尊王」……等。唐代陳元光率兵入漳州時，攜帶謝安香火，尊奉為「廣惠王」。

〔註67〕 傅朝卿，《台南市古蹟與歷史建築總覽》，臺南市，臺灣建築與文化資產出版社，2001，頁85。

4. 三官廟

原為臺灣知府蔣元樞的別館，創建於乾隆四十三年（西元 1778 年），蔣元樞秩滿去職時，當地士紳將別館改建成蔣元樞生祠，奉祿位於右神龕，稱「蔣公生祠」，是府城各生祠之冠。咸豐十年重建成為三進廳，前為川堂，中為大殿，後為齋房，請高僧住持。

廟門是ㄇ字型單次間，中港門飾門釘左右各有 54 枚，共 108 枚，左右次間單片門板畫門神，是比較特別的配置，一般寺廟很少在單座門上同時配置門釘與門神，兩側小港門為兩扇門板，上畫文官。

主祀三官大帝與太子爺，不同於一般寺廟配祀福德正神與註生娘娘，配祀的是天醫眞人與武財神。主祀的坐姿太子爺是臺灣光復後，三界堂原本三尊泥塑三官大帝合祀原三界壇的三尊三官大帝時，所新雕的中壇元帥，尺寸與一般立姿的太子爺神像相比可稱為最大。

另外同祀桃花女、周公、金甲、朱衣，是求敦倫歡喜、家庭和樂、保護家居生活。

後殿為太歲殿，主祀斗姥、太歲星君，配祀北斗星君與南斗星君，北斗星君與南斗星君與個別有兩尊神童。太歲殿的門板上，彩繪的是 28 星宿神，也是相當少見的群體護法神明。

圖 5-58　與三官大帝相同尺寸同為主祀的太子爺

圖 5-59　三官廟門神〔註68〕

5. 天壇

天壇有三多：配祀神祇多、廟會多、香火多。日治時期因都市計劃被拆除的寺廟所供奉的神明很多被安置到天壇同祀。

建築本體是三進三開間帶兩廊，由天井區隔為三川殿、前天井及兩側左右廊、正殿、後天井及兩側左右廊、後殿，因日治時期未被都市計劃波及，故保有龍繪照牆。

圖 5-60　照牆（潘麗水）作品與蝸陛

照牆列為「府城三大照牆」〔註69〕，彩繪浮雕是「五爪金龍搶珠」及「鯉魚躍龍門」，是為前天壇經文社社長潘麗水作品。雙龍搶的火珠（摩尼珠）代表太陽，右邊的金龍龍首朝下代表「翻天」（天道運行不斷）；左邊的金龍龍首朝上代表「覆地」（大地供養萬物）。下方九條鯉魚躍龍門，神韻和外形都不盡相同，右邊第四條鯉魚除四足鰭狀外，已和真龍無異。

「蝸陛」亦稱龍階，中間龍紋為主，遨於海天之間，四週雕飾、琴、棋、書、畫，代表文明與才藝，具帝王地位殿宇，始可配置蝸陛，不得踐踏，以示尊崇。

〔註68〕龍側小港門（文官）中港門（門釘與門神）虎側小港門（文官）

〔註69〕「府城三大照牆」：臺灣首廟天壇（天公廟）、萬福庵以及開元寺。

後殿屋頂是雙斜坡硬山單檐式，主祀三清道祖（元始天尊、靈寶天尊、道德天尊）、斗姥元君及三官大帝。左右配祀北斗星君、南斗星君。左壁龕祀張天師，普化天尊、東斗星君、虎將軍，右壁龕祀西斗星君、太乙真人、天醫真人、司命灶君、虎將軍。

日治時拆除黃檗寺，寺中文衡聖帝神像奉請到天壇同祀。民國68年左廂增建「武聖殿」，前殿主祀關公，又增祀五文昌於後殿。

天壇有5對龍柱，前殿、正殿及後殿龍柱風格不同。前殿是咸豐年間的作品，造形簡拙樸實，以神韻取勝。正殿龍柱完成於同治年間，單龍盤柱，八仙獻瑞和鯉躍龍門圖案，佈局豐富，雕工細膩流暢。後殿龍柱亦為咸豐年間所刻，柱身細瘦，龍首平貼在柱面上，龍鬚延展弧度優美。

圖 5-61　龍柱

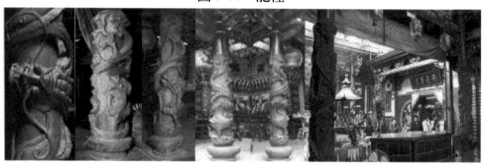

三、非醫藥神，提供藥籤

（一）北極殿

由有騎樓的前殿、有拜亭的正殿與俱兩廂的後殿組成，進深約面寬五倍屬店屋寺廟。玄天上帝是北方神屬水，陰陽五行對應黑，建築以「黑」為主題，廟門、柱身、旗幟皆黑色，柱身無盤龍及超大柱珠，壁畫多半為傳統畫師潘麗水民國五十九年的遺作。

門神彩繪是黑底金龍，黑色正門上，雲層中的二隻金龍，一騰雲而上，象徵「翻天」；一穿雲而下，象徵「覆地」。左右小港門則是彩繪玄天上帝的部將分別是康、趙、高、溫四大元帥。三川門內分別為中庭、拜亭，左壁繪「前漢三傑」、右壁繪「風塵三俠」是潘麗水的作品。

康熙年間蔣毓英重修時泥塑正殿高六尺餘，左足伸直，右腳彎屈，腳下並未踏有龜蛇的鎮殿玄天大帝與兩側康、趙將軍。二帝是永曆二十三年迎自

鄭成功軍帳內所祀左腳踏龜，右腳踩蛇軟身玄天上帝。兩壁有潘麗水作品，左壁方形「武當聖蹟題詩」、圓形「武侯奉表」；右壁方形題「水落石出」、圓形「歷山耕田」圖。

正殿背面奉祀地藏王菩薩，背後是韋馱，左右同祀稽徵爺與達摩祖師，前方祀奉地官、黃帝與陳璸。神龕旁有道光十七年（西元 1837 年）府城坊橋頭鹽商吳尚新赴大陸姑蘇所鑄獻以「蒲牢」鑄鐘紐的古鐘。鐘身刻有「帝道遐昌、皇圖鞏固、國泰民安、風調雨順、吉祥如意、八方寧靜、千詳雲集、以祈國泰民安。」。

後殿（天心堂）為清代九九登高休息處，原本奉祀地藏王菩薩，目前主祀觀音菩薩陪祀註生娘娘、福德正神與地基主。兩側有「周公」與「桃花女」將爺，牆上有十八羅漢雕像。

圖 5-62　中港門門神（左）覆地，（右）翻天、黑色為主建築用色

圖 5-63　小港門門神：（虎）溫元帥、高元帥，（龍）趙元帥康元帥

圖 5-64　泥塑鎮殿玄天上帝與（左）趙元帥、（右）康元帥

圖 5-65　姑蘇古鐘與將爺桃花女、周公

擲筊杯、求籤是入廟求神意的方法。籤詩編列是以數字或以干支表示，北極殿運籤編列方式與眾不同，以陰（筊杯皆覆地）、笑（筊杯皆朝天）、聖（筊杯一正一反）呈現，連續擲三次結果順序為籤號，依排列組合有二十七首，含首籤，合計有二十八首。

（二）大觀音亭

大觀音亭是府城內創建最早、規模最大的觀音廟，歷經數次重修。主體坐北朝南為木材構造閩式平房，由凹壽形三川門、拜亭、龍虎井、正殿、過水廊及後殿所組成，緊鄰官廳、興濟官，呈現佛、道、官三位一體的特殊景象，廟前正對街巷舊稱觀音亭街，為少見的參佛大道。

三川殿屋脊三川脊形式，正中大脊有道教的福、祿、壽三仙翁為製作細緻生動的剪黏裝飾，另有雙龍、水草在旁，屋面則以綠色琉璃筒瓦鋪陳，垂

脊上則留露出佛教四大天王。拜亭採用特殊的「抱廈」結構，宛若涼亭，第一步架退縮整個明間面闊，第二步架則稍減而形成一「凸」字形式，被稱為「亭」的緣故，可由左右兩扇旁門進出。

　　三川門裝飾著墨最多。正門格扇「夔龍拱磬」和壁堵牡丹、蝙蝠、靈芝吉祥圖案是民願。廊牆花瓶造形以「福、祿、壽」文字圖雕構成，輔以「山、海」二字，前殿凹壽壁上旗（祈）球（求）戟（吉）磬（慶）泥塑。門神彩繪是陳壽彝以金色泥條勾勒輪廓線，中門是韋馱、伽藍，邊門是哼哈二將。

　　正殿主祀觀音菩薩挾祀善才、良（龍）女，左側祀齊天大聖，右側祀月下老人，配祀有達摩祖師、十八羅漢、註生娘娘與花公、花婆、韋馱、伽藍尊者、地藏王菩薩、鑑齋菩薩、哼將、哈將。後殿是康熙年間添建的大雄寶殿，奉祀釋迦牟尼佛、藥師佛、阿彌陀佛、彌勒佛、韋陀、伽藍，配祀地藏王菩薩與鑑齋菩薩〔註70〕。

圖 5-66　哼將軍、哈將軍與三川殿福、祿、壽剪黏

圖 5-67　大觀音亭三川殿今昔

昔（大正五年〔註71〕），今（大觀音亭提供）

〔註70〕鑑齋菩薩相當罕見，僅見於古老佛寺，是監督出家眾持守戒律的菩薩。
〔註71〕取自國家文化資料庫

（三）清水寺

清水祖師的臉通常是黑色，雙眼垂視，安祥微笑，身穿僧衣，頭戴僧帽，雙手結禪定印，兩腿盤坐，成禪坐姿態。清水寺主神清水祖師源於福建泉州府安溪縣，宋普足禪師成佛地。

清水寺管理委員會記載著，清水寺廟貌不大，但清幽雅靜，廟前有棵百年老榕與一口據傳有一百五十餘年歷史的「平安井」。曾經府城鬧瘟疫，信眾跪求清水祖師相救，祖師公指示「汲井水可解」，因此獲救。

主委田良文〔註72〕指出，古井位於巷弄出入口，周遭住家密集及自來水普及，三十多年前廟方將古井填平方便通行。封閉近二十年後，來了位老師父，指說祖師公托夢，要求重新開啟古井，清水寺才能興盛。經廟方請示確認無誤後再度開挖，才挖掘兩米深，就有清泉從老舊磚縫間湧出。多年來無論晴雨、冷熱，井水始終清澈。因信眾汲取煎藥，所以「平安井」之名不脛而走。

圖 5-68　平安井

四、非醫藥神，曾提供藥籤

（一）彌陀寺

仿唐朝宮殿式建築，大型護寺金剛在山門左右各有一尊，左右為鐘、鼓樓但鐘鼓懸於正殿內。中殿有三層，一樓大雄寶殿，殿前有銅製香爐，殿內主祀釋迦牟尼佛，左配祀文殊、右配祀普賢。上層是西方三聖寶殿，供西方三聖像並配祀十八羅漢；最上層是陳列古匾；左右接連兩廂寮房，禪房等。

後進一樓是地藏殿，殿前銅鑄香爐。殿內奉祀地藏王菩薩，配祀達摩祖師。挑空三樓。二樓為圖書室、藏經樓。三樓為圓通寶殿，供奉全省最大木雕千手千眼觀世音菩薩聖像。

圖 5-69　山門內的護法金剛〔註73〕與千手千眼觀世音菩薩

（二）祀典武廟

康熙二十九年（西元 1690 年）台廈道王效宗將建於永曆十九年（西元 1665 年）寧靖王的兩間奉祀上帝公和關帝爺的私人神明廳合併，擴建成坐北朝南縱深式三開間三進兩廊的關帝廳。所奉祀的二鎮關帝爺，相傳是由寧靖王分靈自福建漳州東山島銅陵縣關帝廟。為鄭經所興建府城四廟〔註74〕。

〔註73〕嘻將綠臉棕眉、哈將褐臉黑眉
〔註74〕文廟、真武廟、明氏宗廟及關帝廳，有「府城四大官廟」之稱，為府城當時最具代表性的官方寺廟。

圖 5-70　祀典武廟屋頂說明圖

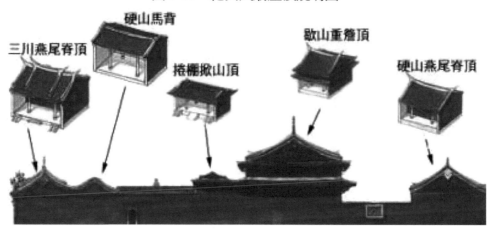

圖片取自李乾朗：《臺灣古建築圖解事典》（臺北：遠流出版社，2003 年 11 月
　　　20 日）

圖 5-71　三川門燕尾、初拜殿馬背、正殿歇山重簷

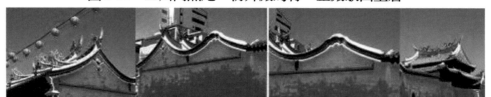

　　第一進三川門後設初拜殿；第二進正殿前又設拜殿的「雙拜殿」格局是
臺灣地區僅見。廟門門釘是官方祀典寺寺廟的殊榮。中門各七十二顆，左右
側門各五十四顆門釘：全部共計 360 顆。

　　左側朱色山牆平均高度五公尺半、全長六十六公尺，由南而北將祀典武
廟各進各落建築連接一氣是最大特色。高牆上僅有一門一窗，凸顯出於正殿
歇山重簷屋頂的氣勢。

　　空間主軸上的三進五落屋頂，從三川門「三川燕尾脊頂」到初拜殿「硬山
馬背」、拜殿「捲棚歇山頂」、正殿「歇山重簷」及後殿「硬山燕尾」風格互異。
構成的天際線變化多端，宛如波濤起伏，區別出各進建築的尊卑秩序，構成全
台最壯觀山牆。因位於赤崁丘陵南坡，地勢由南而北昇高，廊廊往正殿逐步高
升；最高點是歇山重簷頂正殿，山牆頂端「懸魚〔註75〕」是兩個古書捲軸。

〔註75〕山牆頂端，匠師常以泥塑、交趾陶或剪黏來裝飾，稱爲懸魚。

　　正殿神龕鎮殿關帝神像雙目低垂，身綠龍黃袍，頭戴九旒冠與左右關平、周倉立像同是康熙時泥塑。

　　後殿又稱「三代廳」是普通平房建築，奉祀關公三代祖先牌位〔註76〕。後殿右側有東向的觀音廳及供奉文昌帝君的「西社」〔註77〕。觀音廳後為六和堂及延平詩社。

　　觀音廳供奉觀音大士，蔣元樞捐塑府城三尊觀音神像之一的「微語觀音」〔註78〕。旁祀註生娘娘、土地公與十八羅漢。觀音殿後有一株三百多歲樹齡的重瓣老梅樹，相傳是朱術桂所植。

　　道光年間「廟境聯防」組織訂立章程，聯境自保，取代郊商成為城防與地方治安的主力。同治元年為鎮守大西門「六和境〔註79〕」境主廟，「六和堂」充為辦事處和冬防指揮中心，是府城城防與治安變遷的歷史見證。目前祀奉「火神爺」火德星君，也是南管振聲社及六和平劇社練唱場所。

　　「武廟街尊義堂」又稱「馬使爺廳」、「馬神廟」專祀馬使爺和赤兔馬〔註80〕。原位於武廟右側的肉圓店。現址是康熙三十五年（西元1696年）巡道高拱乾建於武廟左側的「高公祠」，乾隆三十年（西元1765年）蔣允焄改「高公祠」為官廳，明治三十九年（西元1906年）市街改正、拓寬永福路時拆除馬使爺廳部分廟體。

　　民國九十九年二月在馬使爺廳後方興建「春秋樓」，預定民國一〇一年十月十二日落成啓用，一樓祀奉關公、關平及周倉，二、三樓為文物館。

（三）萬福庵

　　由阮夫人為祈求保佑嬰孩平安，自大陸天台山帶來的開基齊天大聖是泥塑身軀與石雕的頭部，據說已有七百多年歷史。

〔註76〕雍正三年，敕封關帝三代為「公」，除五月祭，增春秋二祭。咸豐五年，加封曾祖「光昭王」，祖「裕昌王」，父「成忠王」
〔註77〕清代臺灣府五個詩社為東社（彌陀寺）、南社（法華寺）、北社（黃蘗寺）、中社（奎樓書院在現今的赤崁樓裡），西社在祀典武廟觀音殿。今社內奉祀文昌帝君、孚佑帝君、文衡聖帝、魁斗星君、朱衣星君五文昌。
〔註78〕乾隆四十二年（西元1777年），知府蔣元樞督造三尊觀音神尊，分別位於開基天后祖廟、祀典大天后宮和祀典武廟。
〔註79〕開基武廟、開基靈佑宮、米街廣安宮、倉神廟、祝融殿及赤崁土地廟
〔註80〕一般武廟只有馬使爺與赤兔馬的塑像，多半設置在前庭，少數在殿內陪祀，甚少供奉在獨立廳堂裡。

正殿一樓主祀觀世音菩薩，配祀齊天大聖、註生娘娘、福德正神、太歲星君、文昌帝君，是全台配祀齊天大聖的開端本山。

正殿二樓主祀三寶佛，配祀四大天王及韋馱、伽藍等將爺。二樓左偏殿為阮夫人堂，祀有阮駿（季友）「明英義伯阮公季友牌位」與阮夫人「圓寂比丘尼智光定師太覺靈神座」和歷代圓寂比丘尼的神主牌位。

廟外「猴靈樹王公」，樹瘤造型長得跟猴子相像，彷彿有多尊猴子在爬樹。早期在一次颱風時被摧毀，植物專家判定為無法存活，結果樹王公又活起來。

鄭經延續鄭成功對阮家的禮遇，在承天府明寧靖王宅邸「一元子園亭」後方建宅邸供阮夫人來臺定居。

本是坐北朝南。因施琅攻入城，結束鄭氏王朝後，即立宅於第一元子後園，阮夫人改建正廳，以頭門朝西剋施宅，施琅築照牆以隔絕。

廟埕前的照牆〔註81〕寬約 5 公尺，高約 2.5 公尺，白底、二重脊燕尾屋簷，以紅磚為材料，石灰豎砌。民國 80 年（西元 1991 年）曾重修。

圖 5-72　開基齊天大聖與阮夫人牌位〔註82〕

圖 5-73　猴靈樹王公

〔註81〕照牆又稱照壁，即屏門之牆，為使他人不直接窺望或直進內屋，因此在建築物前築一照牆以為遮蔽，另外並有辟邪之功能。

〔註82〕圓寂比丘尼智光定師太覺靈神座

圖 5-74　照牆

（四）永華宮

一般廣澤尊王廟以「太保」來區分，永華宮不拜太保，鎮殿尊王尊稱為「老太王」，其餘依彫塑先後分「大鎮尊王」、「二鎮尊王」、「三鎮尊王」……。

「鎮殿老太王」是永曆十六年（西元 1662 年）陳永華隨軍恭迎來臺最早「軟身」金身、「大鎮尊王」為土塑、「二鎮尊王」為廣澤尊王中罕見坐山頭造型。

日治大正年間雕塑的三鎮尊王，用「高沙町」（今民權路）一位中醫師飼養的「八哥鳥」入神。廟內執事人員前往協商時，得知該八哥鳥早已對主人言明 「要去做神了」。而順利帶回八哥鳥入神（一般以虎頭蜂入神），並前往鹽水溪開光。民國七十八年九月十八日彫塑陳永華參軍，達摩祖師原為牆上的壁畫圖繪，因顯靈要求為之雕塑金身，遂由廟方彫塑開光供奉。

因為永華宮創建於明永曆年間，同治九年時廣澤尊王加封為「保安王」，所以廟方所保留的清代儀仗牌與一般廣澤尊王寺廟不同，一般寺廟將「保安廣澤尊王」都寫在同一塊牌上，唯獨永華宮的儀仗牌，寫成「永華宮廣澤尊王」與「奉旨加封保安王」兩塊儀仗牌。

廟前種有一對龍鳳神榕與應該是臺南府城唯二惜字亭〔註83〕其中一座。

圖 5-75　清代加封的儀仗牌與龍鳳神榕及惜字亭與照牆

〔註83〕另一座在德化堂。

（五）開基武廟

寧靖王府鐘樓，入清後改成寺廟。二戰期間遭炸毀，現貌西元 1976 年所建。府城有「內關帝港籤詩，外關帝港童乩」俗諺，開基武廟籤詩靈驗無比，渡海、營商、居家祈安都會入廟求籤，廟口橫街聚集解籤者，稱「抽籤巷」。

目前是磚石木構、三進閩式平房，為三川殿、過水廊、正殿，民國 65 年購地另建後殿。門釘取代門神，正殿神龕主祀關聖帝君〔註84〕、脅祀關平與周倉，同祀張仙大帝與玉靈天君，供桌供奉三寶佛、觀世音菩薩、五公菩薩〔註85〕神位、福德正神，由於受到環境條件的限制，馬使爺及虎爺供奉在三川殿右側牆上牆洞小神龕中。正殿還懸有一口咸豐八年（西元 1858 年）刻有「聞鐘聲，煩惱輕」銘文的古鐘。

正殿右後方「悉明堂」創立於昭和二年（西元 1927 年），昭和十一年改為「聖明堂」是誦經團組織，奉祀地藏王菩薩與誦經團先賢神位牌，旁邊信眾寄放香與油。後殿供桌供奉三寶佛、五文昌、五公菩薩、中壇元帥。中龕供奉關聖帝君、脅祀關平與周倉，左龕觀世音菩薩與善才、龍女、壇下馬使爺，右龕福德正神與使者、壇下供奉虎爺。

圖 5-76　馬使爺與虎爺神龕與五公菩薩神位牌及神像

（六）全臺首邑縣城隍廟

一進三開建築。主祀「金面」城隍爺，立祀文、武判官、劍童、印童、范謝將軍、男女童子爺，從祀臨水夫人、註生娘娘、清水祖師、觀音菩薩。

〔註84〕廟方表示正殿文衡帝君的金身是永曆十五年（西元 1661 年）鄭成功來台時，由福建泉州塗門關帝廟恭請護軍渡海來台的二關帝，原先搭寮在渡口奉祀，永曆廿三年（西元 1669 年）時建廟奉祀。
〔註85〕五公菩薩代表東、西、南、北、中五方位，分別為志公、朗公、寶公、化公、康公，正殿神位、後殿神像奉祀。

臺灣第一任知縣到任時，並無縣城隍廟可供祭拜，僅有在臺灣府城隍廟的「社、稷、山川、風雲雷雨、城隍」五塊神位，於是鳩資於鎮北坊建縣城隍廟，迎回此五神位。

考季期間青年學子與家長對兩旁 24 司「主考官」祈拜，神案前繫滿學生准考證。

（七）大天后宮

經明鄭寧靖王府、施琅進住、在大天后宮登基踐祚，國號「大明」稱「中興王」的朱一貴、光緒二十年（西元 1894 年）中日甲午戰爭「臺灣民主國」的總統府等，見證許多歷史。

「府城四大官廟」之一，原是坐東朝西的寧靖王府，有前廟庭，前殿、拜殿、正殿、後殿，以高牆連接，建於斜坡上，面對昔時碼頭，由前而後級級東升，廟寬是同時期建築物最寬，因寧靖王別號「一元子」，又名「一元子園」。

山川門脊頂原是三線硬山燕尾頂，民國三十五年新化大地震時傾斜、龜裂。西元 1960 年重修時拆除木柵式門面，在三線脊頂上加蓋假四垂頂，成三線燕尾重簷頂。

石階前有龍首圖騰，三層抱鼓石是祀典寺廟尊崇象徵，鼓面圓形有螺旋「椒圖」與花草、蝙蝠圖飾，基座喜鵲與梅花的「喜上眉梢」與鷺鷥與蓮花的「一路連科」。中間窗櫺下石雕是代表文明的「仁獸」麒麟，回頭仰望的「麒麟回首」，意寓「留住文明」。窗櫺木雕「夔龍拱福」，四個角落蝙蝠成「五福臨門」。

廟方說康熙二十三年（西元 1684 年）「大天妃宮」奉旨晉升「大天后宮」時，康熙特別頒 73 顆門釘的尊崇。拜殿前「御路」〔註86〕石階中央，刻有三爪雲龍、龍爪抓印的「御路石」是西元 1664 年留下。

拜殿面寬間、呈前後開放敞廳形式是寧靖王府前廳，為主要祭拜空間。屋頂是歇山重簷，內部屋架無中央主脊，是少見 8 架捲棚棟架〔註87〕，與正殿間的天井因有四個散水「螭首」稱為「螭庭」，相傳是寧靖王府一元子園

〔註86〕稱為「龍陛」或「螭陛」源自宮殿中軸線只有皇帝才能使用，皇帝進出多乘轎，將中央做成斜坡，雕代表天子身分的雲龍圖案，兩側石階則供轎夫行走，後來成為孔廟和民間廟宇所沿用。
〔註87〕陽廟建築一般有中央主脊、樑架數為奇數

遺物。小過廊兩旁是以「七階石梯」〔註88〕通往原是寧靖王府處理公務的正堂。

正殿神龕爲高一丈八雙手持奏板、身披后服頭載九條垂珠旒冕冠的泥塑鎮殿的神像，因長年香火所薰，面部變黑，故稱「黑面媽祖」。「大媽」和黑臉侍女、千里眼、順風耳五尊神像，據說是三百多年前康熙時期的作品〔註89〕，2004年六月鎮殿媽坍塌，據負責媽祖奏板修復的蘇家兄弟說，修復金身的人員在鎮殿媽祖腹部發現三塊道光年間石碑，記載鎮殿媽祖來自福建莆田湄洲，並在道光元年進行重修。

2004年前所有神像都是黑臉〔註90〕，修復後的媽祖上了金漆變「金面媽祖」，鎮殿媽祖的奏板是黃金九龍七寶神笏，民國五十五年之前，爲一般木製奏板，民國五十三年金身整修時，由莊蒜頭〈1890～1977〉打造成本二十萬元的白銀七寶神笏。民國九十三年鎮殿媽坍塌時，七寶神笏被壓壞，大天后宮委託天冠銀帽打造長八十五公分、上寬十公分、下寬十點五公分重五點五台斤的黃金奏板。裡層附有奏板的「修復工法」供日後修復有所依據。

鎮殿媽祖左邊手持金扇是「二媽」、右邊「三媽」，中間較小是「鎮南媽」。右龕祀奉「四海龍王」是日治時期被拆的海神廟所祀奉的四位龍王、兩位將軍、四個侍從。以東海龍王的龍頭人身造型最特別，其他三位是人頭人身龍王。左龕祀奉同是護祐航海安全的「水仙尊王」，分別是治水有功的大禹；霸業不成自刎烏江的項羽；力大能陸地行舟的羿王；投江諫君明心志的屈原；諫君不成遭棄屍江中的伍子胥。日治時期「水仙宮」被拍賣時移置大天后宮〔註91〕。正殿後方神龕祀奉三官大帝。

〔註88〕 寧靖王是明太祖九世嫡孫，以寧靖王「監軍」身分來台，故王府正廳前的階梯用「七階」

〔註89〕 施琅修整大天妃宮，除在廟宇廟埕了豎立了「平臺紀念碑」外，請專人雕刻媽祖像、侍女及順風耳、千里眼，作爲該廟宇主殿奉祀用，成爲大天后宮最基本的樣貌。

〔註90〕 因2004年6月11日大媽金身自胸部以上裂開斷落地面，頭、雙手裂成兩截。冕冠裝飾部分損壞，臉龐稍損，大致結構仍完整。並在神像內發現一張寫著「道光二年」的紙片，推斷媽祖神像於道光二年重塑或修復完成。神像修復期間，發現媽祖原爲金面，因煙燻變爲黑面。學者專家及修護委員會討論後，報內政部於2005年10月31日核准改爲金面。

〔註91〕 1941年太平洋戰爭期間，臺南市役所亦欲標售大天后宮，經日本史學者宮本延人和臺南史學者石暘睢奮力搶救才免於拆除。

　　後殿是原寧靖王府的後廳，寧靖王與五位姬妾在此自縊身亡。嘉慶六年（西元 1801 年）媽祖父母被追封爲「積慶公」與「積慶夫人」，後廳改建爲「聖父母廳」，除媽祖父母、兄姊的神位外，陪祀五文昌帝君、三官大帝及寧靖王〔註 92〕和開山住持神位，是大天后宮少數有柵欄保護，遊客香客不能進入的區域，左側註生祠供奉明朝遺留下來的註生娘娘及臨水夫人，右側月老祠供奉福德正神及月下老人。

　　觀音殿是原王府的「監軍府」，寧靖王殉國前將王府捐爲庵，奉祀觀音菩薩於正廳。施琅進駐時，將觀音神像移至側室監軍府改爲「觀音殿」。被香火熏黑的觀音神像是乾隆四十二年（西元 1777 年）臺灣知府蔣元樞所督建之三尊觀音像之一。

　　三寶殿原是清乾隆三十年，知府蔣允焄整修全廟時，讓來祭祀的官員整衣休息的更衣亭，殿前中庭還有當年所立的「重修天后宮增建更衣亭碑記」。1970 年代官廳改爲祀奉三寶佛的殿堂。主祀三寶佛神龕前分立韋馱尊者與伽藍尊者，神案上三尊特別的銅像爲金雞母與招財童子，有招財進寶的意思，牆上繪有大悲咒圖像。

　　「梳妝樓」原是明寧靖王渡海來台建府於赤崁城旁，於府址南方建的「宗人府」〔註 93〕。永曆三十七年（西元 1683 年）六月，寧靖王捨宅爲廟並自縊殉國。施琅入台改稱寧靖王府爲「東寧天妃宮」，「宗人府」爲兵寮，經三百餘年「宗人府」遺址演變成爲民宅。民國九十五年，大天后宮功德會會長王翠那女士…等出資購回，公議興建成媽祖「梳妝樓」，在西元 2009 年 4 月 3 日啓用，每週六、日對外開放。

　　「龍目井」也是明鄭時期的遺物位於側殿後庭，傳說寧靖王府位在地理風水上的「毛蟹穴」上，有三口井；毛蟹嘴巴「八角井」在媽祖座龕下方；眼睛分別爲「龍目井」及擇日館民宅內。

　　有 16 幅早期陳玉峰所繪製的大型彩繪作品，先後於西元 1943～1956 年完成。早期彩繪受潮腐化，不易保存，今日呈現的是希元 1976～1980 年由陳玉峰傳人（兒子）陳壽彝與另一彩繪大師丁清石依原圖重繪或仿製。

〔註 92〕寧靖王捨宅牌位銘刻「本菴捨宅檀樾明寧靖王全節貞忠朱諱術桂神位」。

〔註 93〕爲禮遇瀘溪王、巴東王、樂安王、舒城王、奉新王、奉南王、益王、魯王世子……等南明宗室所建。宗人令一人，左、右宗正各一人，左、右宗人各一人，並正一品，掌皇九族屬籍，以時修玉牒，書宗室子女適庶、名封、嗣襲、生卒、婚嫁、諡葬之事。洪武三年置大宗正院。二十二年改爲宗人府，並以親王領之。

　　拜殿與主殿單龍盤柱，以雲朵飾柱身，柱下洶湧波濤。下方六角柱礎正面顆有六隻蝙蝠，六個側面刻有花草鳥獸是道光年間臺灣龍柱的代表作。

圖 5-77　大天后宮位置圖

圖片取自：大天后宮導覽手冊

圖 5-78　捲棚棟架與三川門與門釘

圖 5-79　拜殿歇山重簷、三爪雲龍的御路石、明鄭時龍柱

圖 5-80　螭庭與七階石梯

圖 5-81　金面大媽、東海龍王、金雞母

圖 5-82　四海龍王、五水仙

（八）廣慈院

　　廣慈庵在明鄭開台之初，在府城佔有極佳的地理位置，背靠覆鼎金山，前臨蓮花池，左右各有一口龍眼井，是典型的「前有照、後有靠」〔註94〕的風水寶地。同時也位居府城鳳凰展翅地形風水右翼，為府城七山覆鼎金的鎮山寺廟，可見其地位之重要。

　　臺灣光復後廣慈院年久失修，經五福大帝靈驗，信眾雕塑金身修建寺廟，把廣慈院修回原貌，並在偏殿奉祀五福大帝。

〔註94〕前有遠瞻之力，後有無顧之憂的意思

中港門神秦叔寶與鬱遲恭，兩小港門是彩繪「四大天王」表示「風調雨順」。虎邊神龕所祀奉的「張太爺公」〔註95〕即因病祈求佛祖而痊癒並獻金增建寺宇，獻匾額曰「廣慈院」的諸羅縣知事張珝元。〔註96〕

圖 5-83　門神：風、調、尉遲恭、秦叔寶、雨、順與張珝元神像

（九）慈蔭亭

慈蔭亭前面的新美街舊稱帆寮街，慈蔭亭往右稱頂帆寮；往左稱下帆寮。佛祖廟在日治時代的《民俗臺灣》中就有記載有紫竹社的「正音」北管。韋陀將爺早期是頂帆寮人負責頂戴；伽藍將爺則是下帆寮的人負責。

慈蔭亭曾名列府城九大齋堂之一，也曾被臺南市政府列為市立古蹟，因廟方全面翻修換新屋頂，被撤銷了古蹟資格。目前是單進廳的建構，但外觀富麗堂皇，常找來明華園表演酬神。主祀的觀世音菩薩，據聞奉自南海普陀山，也是歷史的古文物。

圖 5-84　韋陀將爺、伽藍將爺

〔註95〕康熙二十九年（西元 1690 年），張尹接替朱道中任臺灣府諸羅縣知縣，掌管臺南以北的臺灣政事，管轄區域涵蓋今嘉義、彰化、台中、甚至臺北。升河南彰德府知府。

〔註96〕林明德：〈觀音之匾聯探索〉《臺灣佛教學術研討會論文集》，1996 年，149 頁。2011 年 12 月 16 日訪查

（十）八吉境關帝廳

八吉境關帝廳是由道署關帝廳關聖帝君（鎮殿）合祀王提塘講古街觀音菩薩（右）與東轅門土地公（左），八吉境是因東轅門的緣故〔註97〕，才納入此一聯境名稱。

道署關帝廳的主神雕塑都以抱壽體為主。泥塑神像、彩繪與梁柱書法，分別是第一屆民族藝師薪傳獎得主潘麗水、書法名家朱玖瑩、黃國書所作。

廟內門神彩繪是潘麗水作品，右邊壁堵則有潘春源書法筆墨畫，很難得有潘氏父子作品同在一處的機會。

據文化大學李乾朗教授在 2012 年前往評估關帝廳的歷史建築資格時，提及關帝廳是坐正西面向正東的「一廳一拜庭」建築，在拜庭的樑柱上繪有「兩儀」與「四象」的圖案，與三川門上方懸掛的八角天燈，構成易經的天文道理，是建築上結合大自然思想的作品。

易經所敘「大極生兩儀，兩儀生四象，四象生八卦，八卦定吉凶，吉凶生大業」的說法，再與李乾朗教授所提的建物設計的彩繪內容。筆者個人簡單的推演：該建築正向東方恰是日、月上昇是陰陽的起始，剛好配合「一陰一陽之謂道」的說法。

圖 5-85　兩儀、四象與八卦天燈與潘春源門神彩繪

隨著日月軌跡在天際的運行路徑，即逐一經過「兩儀」與「四象」圖案即是太極生兩儀、兩儀生四象，至「八角的天燈」時為四象生八卦的境界，

〔註97〕「八吉境」始於清同治四年（西元 1865 年），到同治六年（西元 1867 年）完成架構。「後圍仔關帝廳」信眾對防禦的事抱既來之則安之的心態。同治七年（西元 1868 年）二月時，始欲加入，但因八吉境已架構完成，遭馬兵營保和宮婉拒。光緒十年（西元 1884 年）五月，東轅門土地廟因內部紛爭退出八吉境，關帝廳同年六月申請加入，十月份八吉境聯境會議同意加入。

到正殿爲神明的殿堂每天周而復始。正好與「生生之謂易」、「陰陽不測謂之神」對應。

由此可以發覺建築上隱應天地宇宙間的道理，也透露關帝廳的設計與建築匠師的淵博學識，其他的寺廟也有這樣的類似的設計與結構。

（十一）重慶寺

民國五十八年（1969 年）禮請金剛上師貢噶老人擔任住持管理寺務，重慶寺就改祀「大悲勝海紅觀音菩薩」。

原爲三進三間，重建時採單殿前拜亭設計，正殿前有捲棚式拜亭。民國五十八年將殿門前移，拜亭左右加蓋，屋頂爲歇山式捲棚屋頂、水形馬背、仰合紅瓦頂，脊上並無任何剪黏裝飾。大門爲二柱三開間，左右加兩扇哥德式格扇門，門櫺作成花窗並嵌入彩色玻璃，此爲文藝復興後歌德式建築的特色，並於腰身嵌入淺雕花板，裙板位置以小品水墨畫搭配，中西合璧的設計。

大殿正門門神爲哼、哈二將；左右側門繪有四大天王，象徵風調雨順。門神與龍虎壁上之降龍、伏虎羅漢壁畫都是彩繪大師潘麗水於民國四十五年擔任管理委員時所繪的作品，門神特地繪製成未穿鞋，表示未完工，以助廟方不必爲門神彩繪付工資。

中間奉祀華嚴三聖，中央爲毗盧遮那佛，右側爲騎大象之大行普賢菩薩，左側爲騎獅子之大智文殊菩薩。毗盧遮那佛爲佛的法身。

在「速報司」前供奉一甕「醋矸」，有勸「情人合和、夫妻恩愛」的神奇功效，一邊攪拌醋矸一邊訴說。「速報司」左腳伸直微翹，要起身處理案件，意謂信眾所託，都會馬上起身去辦。「醋矸」設在速報司案前，並準備「陳情」專用紅紙，讓「速報司」儘速排解處理。

月老公備有「姻緣絲帶」供善男信女向月老祈求佩帶，是專對情人、夫妻合和，感情多波折者祈拜，亦是臺南府城四尊造型優美的月老其中一。此外另有兩尊腳上著三寸金蓮軟身造型註生娘娘。

（十二）媽祖樓天后宮

主祀天上聖母從祀護法千里眼、順風耳；觀音菩薩、李府千歲、范將軍與謝將軍，奉祀中壇元帥、註生娘娘、福德正神、下壇將軍（虎爺）；正殿之銅鑄龍柱與後殿礦石龍柱皆爲工藝瑰寶，正殿還有一般寺廟難得一見的「彩繪」龍柱、百鳥朝鳳柱。

　　中門門神是由潘岳雄所彩繪的秦叔寶與鬱遲恭搭配兩扇手中分別握有如意與冠、爵代表加冠、進爵、如意的仙女。

圖 5-86　三川殿龍柱正殿銅龍柱、門神、正殿鳳柱

圖 5-87　正殿後文物與礦石鳳柱、後殿及礦石龍柱

（十三）西羅殿

　　五十年代尚未大幅改建的西羅殿前有拜亭，進入廟內左右兩邊各有八卦窗，可通兩側護室，早期西羅殿也有南北館的音樂社團，廟左邊為南管管閣汾陽社，負責將爺崇德尊侯的奉祀與祭典出巡；右邊為北管紹汾社，是負責將爺顯佑尊侯的奉祀與祭典出巡。

　　目前正殿主祀廣澤尊王。配祀黑虎將軍、馬使爺，正殿左下神龕供奉「帶馬侍從」有泥塑的，也有布偶造型。右偏殿「崇敬堂」供奉「十三太保」，後殿「恩媽殿」供奉「妙應仙妃」。

　　西羅殿最具盛名的是「大輦」（大駕）即神轎，以籐編成用於出巡，如同往日官員微服出巡之意。本是臺南獨一無二的，後來各廟宇紛紛仿製。現有的「大輦」已有百年歷史；西羅殿大駕南北巡出外境常見神跡，在各地常為

一睹神威而造成騷動。〔註98〕在臺南有「西羅殿的大輦（撵）〔註99〕」之說，指西羅殿神轎外，另以諧音來隱指「賺了很多」。

西羅殿的鎮殿之寶是二鎮「金闕順天尊王」，具有府城四大名佛〔註100〕之一的美譽。特色為眼神逼真、巧奪天工，依拍照的角度不同，皆有不同的韻氣，是在光復後府城粧佛兩大體系中泉州派名師西佛國蔡心（俗稱佛仔心）整修二鎮臉部時，以整顆球狀的眼珠（現今使用的眼球是半圓形）鑲嵌入眼窩的位置。眼球的角膜（最外層的玻璃體）是用一種圓凹狀的玻璃，在其內層畫上黑眼球、瞳孔與白眼球。

圖 5-88　西羅殿的二鎮「金闕順天尊王」與眼球特寫

 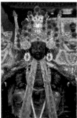 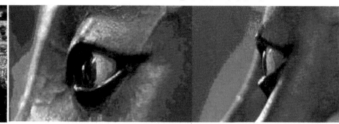

（十四）水仙宮

建於康熙二十二年，主祀禹帝，意在庇佑台海渡航。康熙五十七年改建，據說華麗冠於當時府城諸廟。因前臨南勢港，位處海濱，為府城水陸必經之處，香火鼎盛，商旅雲集。《臺海史槎錄》：

> 清康熙五十四年（即西元 1715 年）臺南泉彰郊商提議建水仙宮，廟
> 中亭脊，雕鏤人物花草，備極精巧，皆潮州工匠為之。〔註101〕

《臺灣縣志》：

> 水仙宮，開闢後，鄉人同建；卑隘淺狹。康熙五十七年，歛金改建。
> 雕花縷木，華麗甲於諸廟。〔註102〕

〔註98〕《西羅殿保安廣澤尊王緣起》（臺南：西羅殿管理委員會，1995 年），頁 58。
〔註99〕謝奇峰先生口述提供，臺南地方文史工作者。
〔註100〕「四大名佛」為西羅殿二鎮金闕順天尊王，下大道良皇宮二鎮保生大帝，四安境牛磨後神興宮鎮殿邢府千歲，佛頭港崇福宮二鎮玄天上帝
〔註101〕黃叔璥：《臺海史槎錄卷二赤嵌筆談》（南投：臺灣省文獻委員會，1996 年），頁 45。
〔註102〕陳文達：《臺灣縣志卷九雜記寺廟》（臺北：臺灣銀行經濟研究室，1961 年），頁 211。

乾隆六年〈西元 1741 年〉陳逢春等鄉紳再次捐款重建成有三川門、左右廊、中庭、拜亭、正殿、後殿，縱深十三丈，右護室十三間，左護室七間，作為官兵駐紮之處，為全府城規模最大，最壯麗工巧的廟宇。《臺灣南部碑文集成》：

> 神以庇人，人以祀神，神人所親，惟德惟馨。緣水仙宮歷年多，施
> 澤久；廟稍荒，而神像剝。癸未冬，北郊列浩起而繪藻粧飾之，計
> 費六百大員，視舊有加矣。〔註 103〕

因為當時水仙宮的壁畫精彩細膩，畫有眾仙圖與八仙，因此有民眾開玩笑說「來去看水仙宮廟壁」〔註 104〕之說。

　　廟中供奉「一帝二王二大夫」之稱的大禹、項羽、奡王、伍子胥、屈原和水有關的神明。大禹為夏朝開國君主，屬「帝」級神明，故廟門是用門釘。三郊商業鼎盛時期，是主要船舶停靠處。乾隆時設立總部「三益堂」處理郊務，成為城西商業中心。

　　初建含山川門、拜亭及本殿三部分，目前剩單殿單進，坐北朝南開二門，昭和二十年強制拆除中後進及附近民宅為防空地，神像改遷寄奉海安宮。拆除的材料用於修護孔廟，木雕和石材販售至灣裡蓋廟，剩餘的拼湊重建，部分雕刻木作保留於成功大學歷史系文物館中。目前是三川殿與正殿相連接，未有廟庭分隔，空間格局在臺南市廟宇中不常見。僅留乾隆三十年的碑文及門前抱鼓石為廟中重要文物。

　　咸豐九年依天津條約開放安平為通商港口，郊商、洋行匯集水仙宮附近，商業極盛，茶室、酒家、娼寮林立稱「城西文化」。廟前曾豎立一對大旗杆，象徵當時水仙宮全盛時期標識，十月十日水仙王壽誕日人山人海。在日治時期，興建市場時被拆下，分別放在海安宮廟庭與中山公園，後來都被販賣消失。大西門一帶的繁盛，衍生「有看見針鼻，無看見大西門」〔註 105〕、「卡 K耶大西門」〔註 106〕、「一個錢，看做哪大西門」〔註 107〕的諺語。

〔註 103〕不著撰人：〈水仙宮清界碑〉《臺灣南部碑文集成》（臺北：臺灣銀行經濟研究室，1966 年），頁 68～69。
〔註 104〕比喻「話仙」、閒聊之意。參考彭小妍：《楊逵全集第十一卷謠諺卷》（臺南：文化保存籌備處，1998 年），頁 2。
〔註 105〕指目光短視，汲汲小利，因小失大。
〔註 106〕人潮洶湧，像大西門前般壅擠。
〔註 107〕是指一個人把小錢看得向大西門城一樣重。

（十五）海安宮

海安宮是早年南勢港龍舟比賽看龍舟最佳地點。因位於五條港要衝，故海安宮媽祖又稱「鎮港媽」。正殿主祀鎮港媽祖，配祀千里眼、順風耳。後殿主祀觀音大士，配祀十八羅漢。

海安宮的文化資產及特色是泥塑藝術，乾隆元年由「金永順、蘇萬利、李勝興」郊商，自湄洲奉天上聖母香火來台。

民國六十二年重建時，由薪傳獎得主泥塑名家邱火松塑造二十六尊神像，包括正殿媽祖、宮女、千里眼及順風耳，後殿觀音菩薩、善才良女與十八羅漢。神像是以西洋美學的觀念來塑造，身長比例較一般的來得高挑修長。因媽祖年紀輕輕就昇天，邱火松即以豐腴的「蘋果臉」來呈現，千里眼及順風耳則是以祀典大天后宮爲範本。

後殿的「龍柱」據說完成於乾隆初年以前，爲福建花崗岩所雕。因皇帝爲五爪金龍，一般寺廟龍柱爲三爪，官廟爲四爪以示不敢僭越。這對四爪龍柱和「開基天后宮」的古龍柱均爲明末清初的產物，雕工柔和，裝飾簡單。

海安宮總幹事董錫坤指出，因屋漏造成正殿泥塑媽祖污損，2010 年三月重修，於 2012 年三月安座。廟主體原爲閩南式建築，當初重修時因缺乏經費將屋頂改爲北方建築，此次修繕則恢復爲昔日閩南式艷麗的剪黏燕尾建築風貌，聘請彩繪蘇天福彩繪門神。

廟址位於舊南勢港港道旁，廟體兩側各有一座井，井口成日、月狀，稱「日月井」或「龍虎井」〔註108〕。赤崁文史工作室推測可能是府城古陸塊海岸最西側水井。如今日井水已不能飲用，月井水則經環保局檢驗合格，自來水停水時是附近居民「水源」與端午節午時水汲取的來源，廟方對午時水的敘述爲端午節當天日正當中時，井內水面映出太陽時稱「午時水」可袪百病。

圖 5-89　鎮殿媽祖、宮女與千里眼、順風耳與儀仗牌

〔註108〕據說當初爲避免「反清復明」聯想，故改稱「龍虎井」。

圖 5-90 日月井、四爪龍柱

（十六）陰陽公廟

昔日府城十八境的主廟之一。耆老蘇頂興說陰陽公廟是國內少數主祀「陰陽公」的寺廟，廟中有一尊移民從中國隨船渡海帶來的小神像與道光年間的香爐，還有歷史超過一甲子的手抄籤詩。在道教中「陰陽都總管」職司賞善罰惡，類似人間的司法檢察官。臉部造型一半金色一半黑色，是因可以自由進出人間及幽冥。

圖 5-91 陰陽公與立筊報導〔註 109〕

據傳「開基陰陽公廟」原有藥籤，神明依信徒病症，給予藥方。但因醫事法規定，無醫療相關證照，不能從事醫療行為，現已無藥籤。信眾改為將疾病與症狀向陰陽公稟明求取「靈籤」，將吉凶寓於詩句告知信徒。

第三節 藥籤

求取「藥籤」是社會的集體論述，為民俗、習慣及宗教綜合表現，對探究古人生活方式，有很大的幫助；以道教醫學而言，藥籤具有民間療法性質，

〔註 109〕廟祝楊姓夫婦特地提供信徒擲出立筊事蹟報導的新聞剪報

賦有極強烈民間信仰力量；雖然很多人認為求藥籤是種迷信，會帶來弊害，但在醫藥不甚發達的古代，藥籤卻是人們治療疾病的重要方法之一。

「籤」是用竹片製成的卜具，置神像前，抽出以占吉凶。清朱駿聲《說文通訓定聲・謙部》：「籤，叚借為懺。今俗謂神示占驗之文曰籤。」〔註110〕。張永勳、何玉鈴等對「求籤」有這樣的敘述：

> 按今俗謂之求籤，籤插竹筒中，其上記明等次號數，以另紙作韻語，
> 別懸一處，求籤者於前持筒搖之，一籤先落，即持以對取紙籤，視
> 其所書以推吉凶。〔註111〕

「藥籤」是一種巫術符籙，是在籤條紙寫上藥材名、劑量及用法的籤文。由病者或信徒到廟中供禮膜拜，向神明說明狀況請願後，隨機自籤筒竹籤中抽出一支；須經「擲筊」連續三次「聖筊」，來確定神意所賜；否則另抽新籤，擲筊重新確認；籤支確定後依竹籤上編號取藥籤，再拿藥籤到指定或附近中藥房抓藥。〔註112〕

興濟宮在同治十三年（西元1874年）後，因為沈葆楨推動開山撫番政策，開墾遭遇瘴癘時，曾來此拈香避疫、乞藥方至後山療病者，當初的藥籤無處方，須至西鄰漢藥「新義豐藥房」把脈才能抓藥。

現今求取藥籤時，必須先燃香由神明診斷之後，才可以抽取藥籤。信眾要以 3 支香在神明前膜拜，告知症狀，再將三支香置於手腕「脈門」上由神明把脈，待香灰各掉一次到桌上後，診斷完成，在依求籤方式求出正確籤號，即持藥籤向廟祝取得籤方。〔註113〕

「藥籤」所承載的醫療知識，是在某種特定社會、歷史脈絡和權力協議的遞變情境中所創造出來的。療癒之能力，是源自一系列既定「占卜」的操作機制及其道德文化為基礎。

〔註110〕漢語大字典編輯委員會：《漢語大字典》（武漢：湖北辭書出版社、四川辭書出版社，1988年），頁3032～3033。

〔註111〕轉引自張永勳、何玉鈴等：《臺灣地區寺廟藥籤現況之調查研究》（臺北：衛生署中醫藥委員會，1999年），頁12。

〔註112〕宋錦秀：〈臺灣寺廟藥籤彙編：宜蘭「醫藥神」的系統〉《宜蘭文獻》37期，1999年，頁6。

〔註113〕參考財團法人臺灣省臺南市大觀音亭興濟宮編印：《臺南市大觀音亭興濟宮》（臺南：財團法人臺灣省臺南市大觀音亭興濟宮，2006/2002年），頁92。與田調訪談取得。

　　「醫藥神」是最大藥籤系統，寺廟管理人對藥籤起源、開始都宣稱是「自有廟即有藥籤」，故藥籤成籤年代應該大多是寺廟建廟之初，與當時瘟疫、屯墾的歷史背景有關。〔註114〕目前臺南府城的藥籤成籤時間，應該也是與當初建廟之際，社會需求有關。

　　當前本研究中的醫藥神寺廟中，祀典興濟宮、開山宮、福隆宮、北極殿、大觀音亭、五瘟廟、清水寺、元和宮、良皇宮有提供藥籤供信眾求取，其中清水寺與元和宮在本研究田調時，已將藥籤匯整抄錄成冊的藥籤簿。元和宮的藥籤簿是由育安藥房所擁有，無法取得資料；清水寺則是信徒依所求得籤號向廟公翻閱藥籤簿，因此廟方提供藥籤簿影本以供研究與保存；良皇宮則是不提供全套藥籤，只同意循例燃香與保生大帝告知病情、求取藥籤。水仙宮有藥籤筒與籤支但未能取得藥籤，就頗有疑慮。其他如大天后宮、西羅殿、府城隍廟都留有木製籤版，西羅殿、清水寺與彌陀寺則有個人單一存留的藥籤，尚可對藥籤內容版本做考據。

　　開基藥王廟因法令關係已不提供藥籤給信徒求取，但依然提供保存於倉庫的藥籤。故本研究共取得祀典興濟宮、開山宮、福隆宮、北極殿、大觀音亭、五瘟廟、清水寺、與藥王廟等 8 間寺廟現有的全套完整藥籤。

　　興濟宮分大人科 120 首、小兒科 60 首、外科 60 首、眼科 90 首；開山宮分大人科 120 首與小兒科 60 首；不分科有福隆宮 120 首、北極殿 60 首、大觀音亭 60 首、清水寺 120 首、藥王廟 120 首；五瘟廟有 120 首註明大人內科，另外良皇宮小兒、眼科及大仁科無法做分析。這些藥籤都是「方藥型」，僅列藥味、藥劑或用藥方式，並無病證論述；其中尚有不書任何醫藥文字，僅提示具「類巫術」的民間驗方、儀式或符咒的特殊藥籤，如興濟宮藥籤外科第五十六首：「此符粘在胎神所占之處」。

　　經初步分類可發現：藥王廟、興濟宮大人科、開山宮分大人科、福隆宮、五瘟廟屬同體系，大部份藥方內容相同，部分藥方互相流通。清水寺第七首不同於其他各家，但第二十一首與藥王廟、第三十一首與北極殿相同，藥王廟第七十二首、第八十三首、第一百首、第一百一十九首與各家都不同；這些藥籤中有保育類動物與含有毒性藥材，所以興濟宮大人科藥籤第六十七、七十二、七十八、七十九、八十、八十四、八十六、九十二、九十八、一百、

〔註114〕個別寺廟藥籤成籤歷史過程，參考陳泰昇、林美容等：〈臺灣藥籤的成籤時間及其影響因素〉「醫療與文化」學術研討會宣讀論文（南港：中央研究院民族學研究所、臺灣史研究所籌備處合辦，2001 年 10 月），頁 62。

一百零二、一百零三、一百零四、一百零七、一百一十七、一百一十八首都請中醫師依原藥方藥效以其他藥材重新組成。

圖 5-92　興濟宮藥籤加列的警示牌

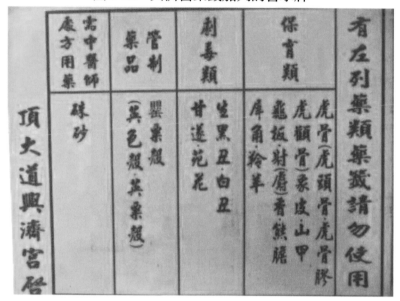

開山宮小兒科與興濟宮小兒科及北極殿藥籤藥材一致，第三十八首與三十九首只有與濟宮小兒科內容互換；開山宮第七首多了「川連」一味。

所有資料在同類藥籤中，差異僅在藥劑量上些微差距，因藥籤原始是以口語記載，所以有些藥材有不同用字或簡用字的表達或口音的差異。

這些藥籤依藥材內容可區分出兩個系統，一為大觀音亭藥籤系統，一為保生大帝藥籤系統。大觀音亭藥籤系統在本研究中僅有一間寺廟，但大觀音亭藥籤中參雜「紅毛樓觀音佛祖」為標題的藥籤，可知「觀音佛祖」藥籤在過去應該也是一種很普遍的系統。

保生大帝藥籤系統應該為目前臺南府城藥籤系統的主軸，除現有藥籤分析可得知外，就以曾經提供藥籤的寺廟來分析，西羅殿藥籤第壹首（見附錄）內容即為「灶心土、鳳凰退各壹錢，風蔥壹枝，燈心七條，水一碗煎五分。五太保爐下仝敬。」可得應是同一系統的藥籤。

在水仙宮旁的古井藥房〔註115〕擁有有一份據說是當年大天后宮自藥王廟

〔註115〕古井藥房，原名「萃香園」，現扯為臺南市民權路三段 62 號，店齡據推算約有百年以上。

抄錄下來的藥籤，與收藏於大天后宮藥籤木刻板（見附錄）與藥籤比照推論，亦可發現大天后宮藥籤與「保生大帝」藥籤同系統，但是大天后宮與水仙公原同為三郊所管理，為何大天后宮要向藥王廟抄錄藥籤，而不向水仙宮抄錄的原因為何？何時抄錄？籤版製造是依抄錄藥王廟藥籤為本或是本另有版本、是何原因？也是深具探討與研究當時社會關係的議題，這個題目可留待日後再利用田調的機會為此問題尋找出問題的解答。

　　彌陀寺原有保生大帝藥籤，其中第一百十八首內容大致為「茯苓石、杏仁　、川□、白菊花、連喬、麥多、□□□、薄荷、甘草」，應屬另一系統，但無從與其他相關藥籤資料比對，縣城隍廟童子爺藥籤有小兒科與眼科之分，但無法取得做分析比較。由此發現寺廟所祀的主神與藥籤系統並無絕對關聯或必然對應關係。藥籤是寺廟歷史與社會過程的共同產物。

圖 5-93　古井藥房的藥籤（大天后宮）與大天后宮藥籤木雕版

圖片來源：古井藥房與大天后宮

圖 5-94　彌陀寺保生大帝成人藥籤、縣城隍廟童子爺木製籤版（小兒與小兒眼科）

圖 5-95　西羅殿五太保藥籤與清水寺觀音佛祖藥籤、良皇宮藥籤

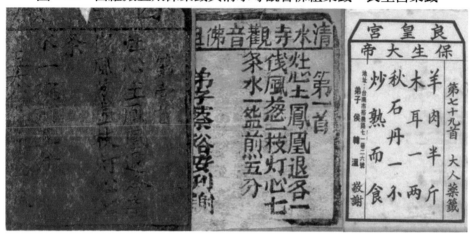

　　藥方有藥材、份量和服法；中藥多半用陶罐、用水煎服，以多少份量水煎煮成多少份量湯汁計算，都仔細指標，適用範圍包括保健、保養、調理的處方，食療、食補，都可以找到。藥物組成有依據醫學經典藥方、中藥與臺灣民間藥方加、減或變方與本地特有經驗秘方，顯示藥材暨組成多變性，使用劑量極輕，但有一定療效。

　　常用藥材如茯苓、淮山、白朮、神曲、麥芽、山渣、蓮子、生薑、大棗屬健脾，重在調理。食療，顧名思義，指應用食物來預防和治療疾病。《神農本草經》收集是藥物又是食物，如杏仁、大棗、芝麻、葡萄、蜂蜜、山藥、蓮實、核桃、龍眼、百合、豆卷、芝菌、橘柚等，在藥籤中皆有運用。另以豬瘦肉、小母雞、羊肉、鴨母、雞肝、豬肺、生蝦、海參、鹿胎、牛乳等為食補品。

　　藥材普遍，求藥方便，多次使用的「鳳凰退」是取雞卵孵出有形小雞後，卵殼、卵殼內薄白皮的部分，性微溫，味甘平，無毒副作用，有益氣和胃、祛風消脹的療效，一般農家也有。紅棗、烏棗、金桔盛產於閩南，取用方便易。農業社會中，當歸、田七、白朮、黃連、枇杷葉、蟬退等可就近取材。藥的組成多在五味以下，不超過八味。各藥劑量是幾分或一錢，在二錢以下，不超過五錢，藥劑與藥量採輕治頑疾，雖然有分科別，但同科類症種類多，以少藥輕量增加藥方通性。表現出以身邊物為藥、地方藥治地方病、吸收使用外來藥物。大人科第四十九首「金桔餅三個，紅糖一錢，燈心十一節；水不拘煎服」，閩南特產金桔，以燈心降心火輔助金桔餅治咳嗽。健脾清熱化濕

的土茯苓、赤茯苓、扁豆、香薷、淡竹、六一散、川連、黃岑、黃柏等地區用藥，治療沿海氣候炎熱潮濕引起的脾胃病。大人科第六十首「附子四分，歸中、桂肉、洋參三分，腰內肉三兩，水一碗燉一支香久」，西洋參約於清朝初傳入中國，明代以前「參」為人參。

事實上「藥籤」提供的信仰力量，強度是勝過藥籤本身的治癒功用。藥籤藥方大多僅有強身健體療效，同一劑「平民處方籤」卻可以治癒不同病痛，從醫學角度看來，是藉由對神明的信仰力量，帶給信眾的心靈撫慰性，產生「比馬龍效應」〔註116〕（The Pygmalion Effect），對自我帶來有助於康復的正向能量。此外過去部分寺廟的藥籤在抓藥時，會到附近中藥鋪讓藥鋪再次稽核；像良皇宮有杏源、快安堂，元和宮有金德興、育安，興濟宮和大觀音亭有永義豐……等，對病症與藥劑的適應有再次的檢驗。

近年來「醫師法」及相關醫藥法令頒布與實施，令寺廟對於藥籤流通、使用的態度，也顯然更為謹慎。據慈蔭亭廟方所敘，多年前廟公甚至因為廟方提供藥籤而被提訴，幸好依據衛生署委託中國醫藥學院調查寺廟藥籤發現，多數藥籤中藥材劑量很低、都只幾錢幾分，甚至只有幾厘〔註117〕；多數只有藥方、無適應症，且未針對特定人調配，是民眾擲筊所得，並沒有人問診，所以難以認定寺廟管理人涉及醫療行為，不構成醫療行為，所以無法以醫療法處理。但也造成廟方與相關人員的恐慌，造成藥籤文化的改變與消失，實在是一種文化與保存的損失。

引起監察院彈劾行政院衛生署的「八角蓮與生杏仁中毒事件」〔註118〕，雖然經過研究指出：八角蓮（Dysosma pleiantha）的根莖提煉物——鬼臼樹脂（podophyllin）在人體服用最低劑量的死亡報告是350毫克，約等於2.33～4.66錢八角蓮。看似與藥籤中八角蓮的藥劑份量平均量同在2～4錢，是致命的劑量。但事實上是利用數值上的盲點與報導上的誤導，所謂致命的劑量是以八角蓮的提煉物——「鬼臼樹脂」為計算準則，而並非八角蓮本身。況且藥籤的劑量最多只2～4錢，使用而中毒者所運用的劑量竟高達2兩，若將責任歸

〔註116〕 又稱為「自我應驗效應」，或「自驗預言」或「自證預言」，在教育心理學上是廣被討論的主題。就是期望的應驗；當對自己有所期望時，這期望總有一天會實現，即所謂「自我應驗預言」（Self-fulfilling Prophecy）。

〔註117〕 1錢=10分=3.125克（g）；1分=0.3125克（g）；1厘=0.03125克（g）

〔註118〕 因民間盛傳「八角蓮」具有抗癌功效，而被坊間神壇大量使用，宜蘭地區曾有民眾求取藥籤因服用過量「八角蓮」中毒；另有依藥籤指示以生杏仁3兩連渣服用治療久咳不癒，而出現口吐白沫、視力模糊的症狀。

咎於藥籤本身，並明文禁止，實有需再評估，以免有末倒置、考慮未詳實、過度本位主義之嫌，任何一種藥物的治療疾病都具有傷害性，不少食用安眠藥過量致死的案例，是否該歸咎於安眠藥之使用或處方籤開方過於容易？此也是值得商榷與研究討論的問題。

「生杏仁」部分亦是患者自行買藥材調劑服用，而且杏仁的使用若內服且爲單一藥材，即使三兩亦無一次全部服用的藥方。況且依一般寺廟提供的藥籤所見，並無單一杏仁的劑方，可見歸咎於藥籤亦有可能是託辭或報導求證不實、道聽塗說所致。

在臺南府城有句諺語「哚齒疼，斧頭框；目睭疼，珊瑚樹乳」，用斧頭治牙痛；拿綠珊瑚樹的毒汁治眼疾，倘若盲從照做、或經媒體、網路大肆宣傳，豈不又造成濫用？所以事實上該做的措施應該是用藥的安全教育，不僅對中醫藥的效用、副作用的認識，也得對西醫藥的使用和禁忌和中西醫之間的作用給與正確的教育，當然媒體的傳播效應之高，更應該給與媒體的從業者正確的倫理教育與報導正確性的道德觀念養成。

根據中醫藥委員會的研究，多數藥籤所含的藥方，屬於安神、鎮靜、順氣及增進食慾等成分。早期藥籤來自古籍，近年來也有研習中醫藥理論者，增加藥籤內容，如〔補中益氣湯〕、〔八寶散〕……等成方也可見於藥籤中。求藥籤者除了癌症末期病患外，爲心靈平靜而求助於宗教力量的精神病患也不在少數。

綜觀以上各文化現象，臺南府城地區的開拓是始於荷、鄭時期，爲全台最早開發的地區，更是明、清時代的政治與文教中心。福建因氣候、地形因素也是多疫癘省分，醫藥神信仰常形成地方的鄉土神，沿海尚巫之風對疫癘也發展出「瘟神」信仰。

臺南府城鄉土神明興盛是反映早期移民社會特質。明末清初閩粵移民，強烈民族觀念與伴隨開闢時瘴癘瘟疫，在人醫束手時，家鄉守護神因而移植來臺。平時將守護神視爲精神堡壘與糾紛作仲裁所在，其社會功能是非常豐富，也擔負著社會教化與娛樂之功能。

「傳統藝術」因日常生活所需而產生，或因自然氣候、風土民情、歷史傳統、信仰習俗產生，累積先人智慧與巧思，呈現人類與自然和諧，反映生活理念、文化特色、審美觀與感情，提供生活情趣，也表現文化精神內涵，其價值與意義是深遠流長的。

　　由臺南府城醫藥神寺廟的匾、聯、碑石中，可了解臺南府城民間信仰雜揉著生命禮俗與儒、釋、道、藏思想及巫術成份；隨時代遷移，社會功能與信仰特質的改變，儼然成爲臺南府城庶民生活的中心。

　　「匾聯」在傳統建築裝飾中是不可或缺的。文詞適中、懸掛得當時，不僅在形式上提供文學、藝術的追索，內容詞義所釋放出的訊息中，涵蓋族群、信仰、民俗、職業、社會結構相關領域題材，表現相對多元，有標示寺廟名稱、聯誼進香活動、對社會功德的價值相對突顯。

　　「碑碣」中，創建碑記、重修碑記與捐題碑記，記載寺廟沿革史料與地方發展史實。透過寺廟碑碣公開傳布的內容，可解讀出社會族群分布、信仰祭祀以及社區發展。透過記錄、整理得以一窺臺南府城民間文化特質的佛道不分、官商合治的社會結構、多神崇拜與人神互利關係。

　　任何一種信仰文化形成必然有其現實基礎和根據。「藥籤」是一種文化現象，深受近年來閩台醫學與宗教文化發展影響。用籤版本具有策略性與歷史因素影響，即使同屬一個「系統類型」，也因個別操作差異或社會情境，而在分科與方藥內容及籤數上有所差異。可能因早期藥籤爲口述手抄，在廟公或廟方執事者逐次謄抄過程中產生所致；或因缺少某藥，改以其他藥材；亦可能是籤本傳入後，廟公熟諳醫藥，就地取材、選用土產藥材，配成臺灣民間驗方〔註119〕。

　　總之，藉由藥籤的成籤過程及與之結合的臺南府城社會移民史，可大約了解「藥籤」是依附醫藥神寺廟的歷史與臺南府城社會建構過程的共同產物。

　　藉由匾聯、碑碣的歷史記載與造像文物的藝術表現上，可以歸納出臺南府城醫藥神的信仰文化俱有多元化的層面，文人、商紳與官員都深入該日常生活文化中，並利寺廟的功能，來發展社會與生活脈絡，許多特殊的藝術工藝、技能歷史傳承、觀念、禮俗、思維都伴隨醫藥神寺廟的場域保存與發展。

〔註119〕張永勳：〈臺灣地區寺廟藥籤現況之調查研究〉（臺北：衛生署，1999 年），頁 419。

第六章　結　論

　　「文化」是一種社會現象，是人們經長期創造所形成的產物；是一種歷史現象，社會歷史的積澱物。是指歷史、地理、風土人情、傳統習俗、生活方式、文學藝術、行為規範、思維方式、價值觀念，包括有形物質、政治、經濟、教育、法律等制度與文學、藝術、價值觀及思維方式。

　　臺南府城被譽為文化古都，為全臺最早開發的地區，更是明清時代的政治、文教與經濟中心。這樣一個歷史豐富、人文豐美的城市，蘊含了許許多多有形、無形的文化資產，曾是西拉雅族赤崁社、臺窩灣社的逐鹿地，歷經十七世紀荷人領台，以南臺灣核心大員築城設治、明鄭建立「東都」，置「承天府」、清領改為「臺灣府」一直是統理臺灣總樞紐，堪稱全臺之軍政、經濟、文教中心，亦近代東亞海運要衝與樞紐；隨著清治末期將巡撫衙門遷至臺北；令臺灣開發重心轉移，由「臺灣府城」轉為「臺南府城」，但「臺南」一直是城市發展的代號。日治時為臺南州廳所在、戰後至今，政經中心地位已被取代，但幾百年來豐富的文化風貌及獨特人文色彩，不僅是城市興衰的典型，也是臺灣開發史的縮影。

　　鄭成功驅逐荷蘭人後，移民來臺者增加，自中國大陸的原鄉信仰也隨之出現。此時的寺廟分為：政府與官員所建、民間自然形成的寺廟與官民合建。官建寺廟期望保佑國泰民安，亦希望能宣揚主權，振興大明意志象徵寓義存在，民間寺廟的設置，是先民渡海墾殖時，為求平安而自故鄉引入，所以多為泉、漳以信仰較普遍的神明。在明鄭二十三年內臺南府城是創建的集中地帶，本研究中的醫藥神寺廟群中在城區就包含了武廟（關帝）、玉皇宮（天公）、大觀音亭（觀世音）、興濟宮、元和宮（保生大帝）、城隍廟（府城隍、縣城

隍）、東嶽殿（東嶽大帝）、北極殿（玄天上帝）、萬福庵（齊天大聖、觀世音）、永華宮（廣澤尊王）、彌陀寺（室）……等，五條港也有藥王廟的草創。明鄭時期的信仰以與泉州地方信仰為主，另有唯一的福州地方信仰的原觀音堂的五帝廟（五顯大帝、觀世音）草創。

康熙二十二年（西元 1683 年）易主後，移民受海禁約束新進者有限，但政治趨向穩定與海運貿易方便的關係，令商業興盛，尤其臺南商業中心的五條港區及臺江沿岸的廟宇大量興起；內陸寺廟的發展也隨城市擴張逐漸向東邊山丘移動。海禁解除後，泉、漳、潮移民攜家帶眷大量湧入墾殖經商，增加保護婦孺與市街的守護神。港埠的繁榮與人口擴張、經濟提升，寺廟自然增建。因市區繁華、社交頻繁 、新社區形成，廟宇的性質也由趨吉避凶變得多彩多姿。

明清期間府城所有的寺廟約有 83 間，五條港區有 26 間〔註1〕。本研究中的臺南府城醫藥神信仰寺廟的創建時間大致也在明鄭時期到清代中期，大多是建立於康熙年間。城區有 30 間，五條港區有 4 間，幾乎是近二分之一。可見到醫藥在當時生活的重要性，加上神明的功能擴充，因應各區域的醫療需求，醫藥神的範圍已打破原有的信仰區隔，成為當時社會地區醫療中心與管理的中心。

在二百一十二年的清代統治，初期政策十分消極，對民間信仰採放任態度，不加干涉，因官府力量薄弱，對民間興建寺廟，沒有嚴格的約束。在臺南府城不同的時間帶入不同的神明，加上對漂流來的神像或香火有不同於閩地原始的思維模式與各職業在商業前題考量下，眾神鼎立的多神信仰（polytheism）大量增加了神明的數目。信徒將神人思考與互惠心理作用下，為了討好神明，出現配偶神，如城隍夫人……；主祀神更有許多分身，如鎮殿、大王、二王……；大媽、二媽、……大駕、二駕……或大太保、二太保……神亦是多量化的特殊現象。除主祀神外，與地方、種族、祖先有關及擁有眾多信徒、住民職業有關及被廢廟的神都會被配祀或同祀〔註2〕，如對鄭成功崇祀系列與「王爺系統」合流的現象，大大的增加了廟中神祇的數量。

〔註 1〕 統自洪敏麟：《臺南市市區史蹟調查報告書》（南投：臺灣省文獻委員會，1977 年），頁 34、149～175。

〔註 2〕 林明義：《臺灣冠婚葬祭家禮全書》，武陵出版社，1998 年 6 月，頁 36。

　　日治初期對民間信仰採懷取柔態度，自大正四年（西元 1915 年）以宗教
信仰力量結合反日統治的勢力的西來庵事件後，日本政府對於宗教影響力及
動員力產生了顧忌，開始進行宗教調查、監督與指導，展開系統化的干涉，
強制宗教改革。在寺廟調查完成後，總督府內務局成立了社寺課，將宗教信
仰納入管理。試圖以種族同化的意識取代原有民間信仰，欲將民間信仰導入
日本佛教中，伴隨「市區改正計畫」破壞府城舊有的都市結構，打亂寺廟宇
管轄的廟境範圍。以「皇民化運動」強制將寺廟神像焚毀或集中保管，不許
奉祀。在為求自保的前提下，寺廟改換主祀神或同祀佛教神明，以偽裝為佛
教寺院來躲避毀廢的命運，但也更促成了各體系的神祇與佛教共祀趨向多元。

　　因日治統治時的措施使得佛道合流，造就民間信仰的混合性的環境，使
宗教兼容並蓄的現象更加明顯，多元化祀神現象讓臺南府城的醫藥神寺廟群
更為混雜各類神祇，也因醫療依舊是民生的面對要項，於是醫藥神的信仰範
圍更為擴大，也成為與生活息息相關的場域與中心，成為獨特的醫藥神明系
統。其中五條港港區的寺廟中，就包含了多種不同的信仰系統，如西羅殿鄉
土保護神與俗諺「西城三件寶：玄帝、藥王、娘娘廟 (註3)」之說中的「玄帝」、
藥王廟、與媽祖樓、海安宮媽祖等體系。雖在本研究中五條港區的「玄帝」
寺廟聚福宮、崇福宮、集福宮等未能因研究界定範圍條件列入研究之列，但
實際上亦是具有另類民間醫療的信仰活動。

　　臺南府城民間信仰特色的形成，是架構在臺灣歷史的發展上，隨著神明
日漸增多，各種信仰神明組合複雜化。民間信仰將神祇人格化、功利化，延
續發展出具有歷史傳承意義的風俗習慣與獨特的文化體系，影響著一般民眾
的生活。神與神之間也像人一樣互相地往來，互相交誼，分香寺廟與祖廟間
普遍有著特殊親屬關係。

　　在臺南府城寺廟間因廟境組織的關連，更像鄰里關係一般，有著互惠與
合作的意識，不僅平日神明誕辰時，因友誼關係互有「插燭、送花圈」禮儀
外，在地方紛擾、治安保全的要求下，尚有由祭祀圈的「廟境」組成「聯境」。
百姓對神明的信仰已轉為功能取向，在祭祀習俗上產生了許多的活動如「建
醮」、「普渡」……等，更因生活的需求、與環境的經濟取向，也形成了許多
如「做十六歲」、「拜契」、……等的生命禮俗。祖籍意識下的保生大帝、清水
祖師與廣澤尊王……變成地區共同信仰，在官方提倡與民間響應下，航海守

〔註 3〕臺南市文獻委員、臺南市文化資產保護協會理事長范勝雄先生提供。

護神的媽祖，又能消災致福、降雨救旱，也由地方原鄉神祇，躍成府城「迓媽祖」的全民活動。

臺南府城在歷史中是經濟環境的重心，昔年臺南府城與五條港區的發展，與寺廟有深厚的互動網絡，創建、興修，幾乎與三郊的興衰一致〔註4〕同起同落，經歷滄桑。如大天后宮、開基武廟都皆在各港汊的源頭，各港汊沿流所經地段，隨著街肆的興起，經濟富裕，而陸續興建各式樣的廟宇，諸如西羅殿、景福祠、集福祠、水仙宮、海安宮、藥王廟，所奉祀主神職司保佑航海平安、醫療治病、招財利市、有祖師廟、有族群廟，均有三郊介入倡建、修葺。信徒因為財產日增，對廟宇的奉獻，也隨著能力而增加，對內部除了精美的彩繪、雕刻、八卦藻井、飛簷龍柱，精雕細琢的考究之外，時代名人俊士的題詩石刻、贈匾聯以增加氣勢內涵與歌功頌德，使造像藝術顯得華麗奢靡，成為寺廟內外的另種特色傾向。

綜而言之，民間信仰文化的核心是地域性組織與活動。臺南府城的醫藥神信仰包含多種層面的神祇，地方開發藉著官、紳祭祀的寺廟，來安定、教化民心。臺南民間信仰的發展深受曲折多變的歷史影響，政權更迭影響寺廟興衰變化，社會民情也影響各寺廟的質變與在地化的發展，不同時期統治者的政策、教育、人民團體、社會福利等政策也有所影響。祈求順利平安，除盡人事外，對於變幻莫測無法預知，卻足以影響其休咎成敗的天命，唯有求助神明，禱告其神庥庇佑，建廟奉祀神靈，成為一件順乎天理、應乎人情的事。為供奉方便起見，便將無形的神予以具體化，或為神牌、香爐，或為繪圖、神像，對於神明的虔誠敬意，也衍生成許多的科儀、禁忌與活動。

雖然有部份的祭祀與活動在本質上，或許與醫藥的沒有絕對性的關聯，但在與醫藥神寺廟的推動與結合下，寺廟舉辦的本意可能僅是藉傳統歲時風俗的活動，來凸顯廟方的存在與普及化，但卻將民俗歲時習慣的保存，結合融入常態的廟方例行科儀，並結合少許的醫療功能的思考，在無形中形成了一種的新信仰特質，姑且將這特質暫時稱之為「創新延續化」，此種基於寺廟神格屬類的特色，結合逐漸式微被遺忘的文化傳統、民俗習慣與社會發展的

〔註 4〕范勝雄：〈府城西城故事〉《府城叢談》（1）（臺南：日月出版社，1997 年 11 月），頁 49～63。楊秀蘭：〈清代臺南府城五條港區的社會民俗與信仰〉《臺灣史蹟研究會 91 年會友年會論文選集》（臺北：臺北市文獻委員會，2002 年 10 月），頁 93～107。

趨勢需求，形成具有文化傳統的保存功能與創意發展的特質，在本研究臺南府城醫藥神信仰的寺廟群中，都可在相關活動與儀式中發覺。

臺南府城的「廟境」即是地域性的民間信仰組織，爲地方居民對天地鬼神共同祭祀的需求，形成的義務性祭祀組織即爲「祭祀圈」。「聯境」則是特殊的社會與歷史條件下發展的結果。類似信仰圈，但卻是以數個廟境信仰爲中心，組成區域性信徒志願組織，連結共同信仰，形成區域的聯盟，並發展出府城獨有兼具民防的組織系統，這十個聯合組織涵蓋了府城全城與五條港商業精華區，平日以各廟境活動與境民日常生活密切聯結，求個人身心、家庭的平安，遇亂或外侵時即發揮祈求集體與公眾平安的分區聯防的合境保安的工作，在當今的社會背景下，臺南府城的醫藥神寺廟群也逐漸以另一種形式的活動表現來延續「廟境」、「聯境」的歷史記憶。

匾額是書法藝術的載體，將建築與文化結合；以「言簡意賅」的文字展示社會、政治文化，提供歷史訊息與意義；在文獻記錄不發達時代，能建構出當時政治、社會……等方面的歷史。

「楹聯」呈現信仰主旨、對神讚頌並形成寺廟氣氛效果，兼具書法與辭藻之美，是傳統建築裝飾不可或缺的素材。本論文研究的寺廟群所存匾額所表現的是多元化的目的，標示名稱、寺廟間聯誼進香活動、對社會的頌功……等作用，所以對「匾聯」整理的價值相對的突顯出來。

「碑碣」是爲永久記載某事而雕在石頭上，鑒於石材堅硬而不朽，利於銘刻紀事，立碑以昭示垂後。創建碑記、重修碑記與捐題碑記是探索寺廟沿革與地方發展的史料、史實；從中可以解讀出社會族群的分布、信仰祭祀以及社區發展的情況。

巫術與醫術是古老的文化遺產，來自於人們適應外在自然環境，長期累積對生命的經驗與對應技術，而在自我心靈體驗與感知下，發展出來的生命觀與行爲反映，成爲「民間醫療」。「藥籤」屬於民間療法，是一種歷史傳承、精神心理的寄託和居家保健與治病的藥方。早期以原住民巫師所延續巫醫習俗與移民巫醫、神醫習俗的各種神祇醫療活動結合，以醫藥神、醫藥知識與醫藥、巫醫型態相兼延續於生活中。求取「藥籤」是以潛在民俗信仰爲邏輯基礎，根據特有資源與訊息發展出和文化傳承互相吻合的疾病處理方法，是社會的集體論述，爲民俗、習慣及宗教綜合表現，對探究當時的生活方式有很大的幫助。

　　「中醫」廣泛與民俗文化、巫術、乩童、扶鸞……等迅速結合在寺廟中並蔓延。不同原籍帶著不同民俗文化、醫藥各自擴展形成了種種相似但有區別的民俗、風俗與醫藥神祇。「藥籤」保留早期歷史傳統醫藥文獻，可以提供中醫藥史、醫藥宗教學、醫藥社會學、女性研究、醫藥倫理學、醫療人類學、道家煉丹術、中醫藥、藥理藥劑、中西醫（藥）結合研究、公衛研究……等領域的研究主題。

　　這些民間流傳與地方習俗的醫療觀念和方式，具有身心照顧功能，幫助病人解釋病因和解決病痛功能；以道教醫學而言，藥籤具有民間療法性質，賦有極強烈民間信仰力量；雖然很多人認爲求神、求藥籤是種迷信，會帶來弊害，但在醫藥不甚發達的古代，求神拜拜、求藥籤卻是人們治療疾病的重要方法之一〔註5〕。任何一種信仰文化的形成必然有其現實的基礎和根據。醫藥神的信仰是一種文化現象，其產生與流行深受近醫學與宗教文化發展的影響。

　　藉由臺南府城醫藥神信仰的資料搜集、整理，可以了解到臺南府城歷史上的醫療與社會的關係、演變與產生的獨特地方區域性文化。「西醫」目前是臺灣社會醫療體系的主流，但「中醫」（或「漢醫」）與「民俗療法」、「儀式療法」在現代社會中所具有的特殊性與功能性，是一種文化、信仰自由的象徵，也是因應社會需要的一種醫療保健的資源，疾病是人類歷史和文明中無法被分割的一部分，求神祭祀的活動不外乎求生、治病、延壽……等目的，所有活動的本質都是圍繞在生、老、病、死上。從歷史的發展過程來看，疾病不時衝擊各個人類社會，直接或間接促成政治、經濟、宗教、科技和文化的變遷。所以醫藥神的信仰仍然佔有一席之地，不曾完全滅絕。

〔註 5〕張永勳、何玉鈴等：《臺灣地區寺廟藥籤現況之調查研究》（臺北：衛生署中醫藥委員會，2000 年），頁 420。

參考文獻

一、專書

（一）古籍

1. 漢 東方朔：《神異經》，臺北：中華書局，1991 年。

2. 漢 班固：《白虎通》，臺北：黎明，1996 年。

3. 漢 班固：《漢書》，北京：中華書局，1990 年。

4. 漢 劉歆：《西京雜記》，貴州：貴州人民出版社，1993 年。

5. 漢 劉安撰，漢 高誘注：《淮南子》，臺北：中華書局，1984 年。

6. 漢 鄭玄注：《儀禮》，臺北：臺灣商務印書館，1967 年。

7. 漢 應劭撰：《風俗通義》，上海：古籍出版社，1990 年。

8. 後魏 酈道元撰，清 戴震校，《水經注》，臺北：世界書局，1962 年。

9. 晉 干寶：《搜神記》，臺北：洪氏出版社，1982 年。

10. 晉 皇甫謐撰，清 宋翔鳳，錢寶塘輯：《帝王世紀》，瀋陽：遼寧教育，1997 年。

11. 晉 張湛注：《列子》，臺北：廣文書局影印光諸甲申摹刻鐵琴銅劍樓宋本，1960 年。

12. 晉 陳壽：《三國志》，臺北：臺灣中華書局，1982 年。

13. 唐 尹知章注，清 戴望校，《管子》，臺北：世界書局，1958 年。

14. 唐 司馬貞：〈三皇本紀〉《史記曾注考證》臺北：樂天出版社，1972 年。

15. 宋 吳曾：《能改齋漫錄》，上海：上海古籍出版社，1979 年。

16. 宋 郭茂倩：《樂府詩集》，北京：文學古籍刊行社，1955 年。

17. 元 董中行：《周易》十三經注疏本，臺北：藝文印書館，1994 年。

18. 明 王逵：《蠡海集》影印文淵閣四庫全書子部，臺北：臺灣商務印書館，1985 年。

19. 明 陳耀文：《天中記》卷三十八，臺北：臺灣商務印書館，1986 年。

20. 清 趙翼撰：《陔餘叢考》，臺北：世界書局，2009 年。

21. 清 顧炎武：《日知錄》，長沙：嶽麓書社，1994 年。

22. 不著撰人：《天妃顯聖錄》台灣文獻叢刊 77，南投：臺灣省文獻委員會，1960 年。

23. 不著撰人：《安平縣雜記》台灣文獻叢刊 52，臺北：臺灣銀行經濟研究室，1959 年。

24. 不著撰人：《臺灣兵備手抄》台灣文獻叢刊 222，臺北：臺灣銀行經濟研究室，1966 年。

25. 不著撰人：《臺灣南部碑文集成》台灣文獻叢刊 218，臺北：臺灣銀行經濟研究室，1966 年。

26. 不著撰人：《繪圖三教源流搜神大全附搜神記》，臺北：聯經，1980 年。

27. 何喬遠：《閩書》，福建：福建人民出版社，1995 年。

28. 黃宗昭：《八閩通志》，福州：福建人民出版社，1991 年。

29. 丁日健：《治臺必告錄》〈報廠港竣工書〉臺灣文獻叢刊 17，南投：臺灣省文獻委員會，1995 年。

30. 王必昌：《重修臺灣縣志》臺灣文獻叢刊 113，臺北：臺灣銀行經濟研究室，1961 年。

31. 周元文：《重修臺灣府志》臺灣文獻叢刊 66，臺北：臺灣銀行經濟研究室，1960 年。

32. 范咸、六十七：《重修臺灣府志》臺灣文獻叢刊第 105，臺北：臺灣銀行經濟研究室，1961 年。

33. 夏德儀：《福建通志臺灣府》臺灣文獻叢刊第 84 種，臺北：臺灣銀行經濟研究室，1960 年。

34. 蔣毓英：《臺灣府志》，臺北：遠流出版社，2004 年。

35. 高拱乾：《臺灣府志》臺灣文獻叢刊 65，臺北：臺灣銀行經濟研究室，1960 年。

36. 張學禮：《使琉球記》收錄於《清代琉球紀錄集輯》，臺北：大通，1984 年。

37. 徐宗幹：〈壬癸後記〉《斯未信齋雜錄》，臺北：臺灣銀行經濟研究室，1960 年。

38. 連橫：《雅言》臺灣文獻叢刊 166，臺北：臺灣銀行經濟研究室，1963 年。

39. 連橫：《臺灣詩乘》，南投：臺灣省文獻委員會，1950 年。

40. 連橫：《臺灣通史》臺灣文獻叢刊 128，臺北：眾文圖書公司，1994 年。

41. 陳文達：《臺灣縣志》臺灣文獻叢刊 103，臺北：臺灣銀行經濟研究室，1961 年。

42. 陳鍈等修、鄧廷祚等纂：《海澄縣志》，上海：上海書店出版社，2000 年。

43. 黃叔璥：《臺海使槎錄》臺灣文獻叢刊 4，臺北：臺灣銀行經濟研究室，1957 年。

44. 劉良璧：《重修福建臺灣府志》臺灣文獻叢刊 74，臺北：臺灣銀行經濟研究室，1961 年。

45. 劉家謀：《臺灣雜詠合刻海音詩》臺灣文獻叢刊 28，臺北：臺灣銀行經濟研究室，1958 年。

46. 謝金鑾：《續修臺灣府志》臺灣文獻叢刊 121，南投：臺灣省文獻會，1993 年。

47. 謝金鑾：《續修臺灣縣志》臺灣文獻叢刊 140，臺北，臺灣銀行經濟研究室，1962 年。

48. 吳錫璜：《同安縣志》，臺北：福建省同安縣同鄉會，1986 年。

49. 陳鍈等修、鄧來祚等纂：《海澄縣志》，臺北：成文出版社，1967 年。

50. 蔡振豐：《苑裏志》臺灣文獻叢刊 48，臺北：臺灣銀行經濟研究室，1958 年。

51. 瞿海源：《重修臺灣省通志》 南投：臺灣省文獻委員會，1992 年。

52. 陳衍：《福建通志》，福州：福建人民出版社，1985 年。

53. 林百川、林學源：《樹杞林志》，臺北：大通書局，1987 年。

（二）今人著作

1. 《中國各民族宗教與神話大辭典》，北京：學苑出版，1990 年。

2. 《全國佛刹道觀總覽：保生大帝專輯》，臺北：樺林出版社，1987 年。

3. 《全國寺廟名冊》，臺北：內政部，2002 年、2004 年及 2009 年。

4. 《宗教簡介》，臺北：內政部，2003 年。

5. 《愛情城市手冊》，臺南：臺南市政府，2011 年。

6. 《漢語大字典》，武漢：湖北辭書出版社、四川辭書出版社，1988 年。

7. 《臺灣私法人事編》，臺北：臺灣銀行經濟研究室，1961 年。

8. 《臺南市市區史蹟調查報告書》，南投：臺灣省文獻委員會編印，1979 年 6 月。

9. 《臺灣寺廟藥籤考釋》，臺南：全國保生大帝廟宇聯誼會，1993年。

10. 《臺灣私法商事編》，臺北：國史館臺灣文獻館，1994年。

11. 《臺灣廟宇文化大系（五）保生大帝卷》，臺北：自立晚報社出版部，1994年。

12. 《關聖帝君應驗桃園明聖經》，臺南：開基武廟（未註明出版年月）。

13. 中村孝志：《荷蘭時代臺灣史研究》，臺北：稻鄉，1997年。

14. 仇德哉：《臺灣廟神傳》，雲林：信通書局，1979年。

15. 仇德哉：《臺灣之寺廟與神明（二）》，南投：臺灣省文獻委員會，1984年。

16. 仇德哉：《臺灣之寺廟與神明（四)》，南投：臺灣省文獻委員會，1984年。

17. 片岡巖著、陳金田譯：《臺灣風俗誌》，臺北：眾文書局出版，1990年。

18. 王義夫：《大甲天上聖母藥籤并田寮廖先生公藥籤》，臺中：臺中縣中藥同業公會大甲區聯誼會，1981年。

19. 王浩一：《在廟口說書》，臺北：心靈工坊文化事業股份有限公司，2008年。

20. 王浩一：《慢食府城》，臺北：心靈工坊文化事業股份有限公司，2008年。

21. 石萬壽：《臺南府城防務的研究——臺南都市發展史論》，臺南：友寧出版，1985年。

22. 石陽睢：〈臺南郊外墓地考〉《民俗臺灣》，臺北：武陵，1995年。

23. 石萬壽：《樂君甲子集》，臺南：臺南市政府文化局，2004年。

24. 伊能嘉矩：《臺灣文化誌》，臺北：南天出版社，1994年。

25. 吉元昭治：《臺灣寺廟藥籤研究》，臺北：武陵出版社，1999年。

26. 朱存民：《靈感思維與原始文化》，上海：學林出版社，1995年。

27. 吳瀛濤：《臺灣民俗》，臺北：眾文圖書股份有限公司，1975年。

28. 呂宋力、欒保群：《中國民間諸神》，臺北：臺灣學生書局，1991年。

29. 李乾朗：《臺灣的寺廟》，臺中：臺灣省政府新聞處，1986年。

30. 李乾朗：《臺灣古建築圖解事典》，臺北：遠流，2003年。

31. 李喬：《中國行業神》，臺北：雲龍出版社，1996年。

32. 李登財、劉還月：《神佛正傳與祭祀須知：夏之卷》，臺北：常民，2000年。

33. 阮昌銳：《中國民間宗教之研究》，臺北：臺灣省立博物館出版部，1990年。

34. 周西波：《杜光庭道教儀範之研究》，臺北：新文豐出版公司，2003 年。

35. 林會承：《臺灣傳統建築手冊》，臺北：藝術家出版社，1987 年。

36. 林衡道：《臺灣歷史民俗》，臺北：黎明文化公司，1988 年。

37. 林美容：《高雄縣民間信仰》，高雄：高雄縣政府，1997 年。

38. 林明義：《臺灣冠婚葬祭家禮全書》，臺北：武陵出版社，1998 年。

39. 林進源：《臺灣民間信仰神明大圖鑑》，臺北：進源書局，2005 年。

40. 姜義鎮：《臺灣的鄉土神明》，臺北：臺原出版社，1995 年。

41. 姚福均：《鑄鼎餘聞》，臺北：學生書局，1989 年。

42. 施振民：《北港朝天宮聖籤‧附聖籤解、藥籤 3 種》，雲林：北港朝天宮，1977 年。

43. 施添福總編纂、王世慶編撰、許淑娟、李明賢、鄭全玄、孔慶麗撰：《臺灣地名辭書卷廿一臺南市》，南投：臺灣省文獻委員會，1999 年。

44. 施雅軒：《臺灣的行政區變遷》，臺北，遠足文化，2003 年。

45. 洪敏麟：《臺南市市區史蹟調查報告書》，南投：臺灣省文獻委員會，1977 年。

46. 相良吉哉：《臺南州祠廟名鑑》，臺南：臺灣日日新報社臺南支局，1933 年。

47. 胡厚宣：〈殷人疾病考〉《甲骨文商史論叢》初集第三冊，1943 年。

48. 胡建偉：《澎湖紀略》臺灣文獻叢刊 109，臺北：臺灣銀行經濟研究室，1961 年。

49. 范正義：《保生大帝信仰與閩台社會》福州：福建人民出版社，2006 年。

50. 范正義：《保生大帝——吳真人信仰的由來與分靈》，北京：宗教文化出版社，2008 年。

51. 范勝雄：《府城的寺廟信仰》，臺南：臺南市政府，1995 年。

52. 范勝雄：《府城叢談》，臺南：日月出版社，1998 年。

53. 孫思邈：《備急千金要方》台北：國立中國醫藥研究所重印，1965 年。

54. 徐復觀：〈原史——由宗教通項人文的史學的成立〉《兩漢思想史卷三》，臺北：學生書局，1979 年。

55. 徐明福、徐福全：《臺南市媽祖廟之變遷》臺南：臺南市政府出版，1997 年。

56. 徐福全：《福全台諺語典》，臺北：徐福全，1998 年。

57. 袁珂：《古神話選釋》，臺北：長安書社，1986 年。

58. 袁珂：《中國神話傳說辭典》，臺北：華世出版社，1987 年。

59. 袁珂：《中國神話通論》，成都：巴蜀書社，1993 年。

60. 追雲燕:《臺灣民間信仰諸神傳》,臺北:逸群圖書有限公司,1993年。

61. 馬書田,《全像中國三百神》,臺北:國際村,1993年。

62. 馬書田:《中國民間諸神道教卷》,臺北:雲龍出版社,1993年。

63. 高春媛、陶廣正:《文物考古與中醫學》,福建:福建科學技術出版社,1993年。

64. 高賢治主編:《臺灣宗教》,臺北:眾文,1995年。

65. 張炳南:《全國佛剎道觀總覽:保生大帝》,臺北:樺林出版社,1987年。

66. 張國舉:《吳真人學術研究文集》,福建:廈門大學出版社,1990年。

67. 張志遠,《臺灣的敬字亭》臺北:遠足文化,,2006年。

68. 曹永和:〈鄭氏時代之臺灣墾殖〉《臺灣早期歷史研究》,臺北:聯經出版社,1979年。

69. 曹永和:〈環中國海域交流史上的臺灣與日本〉《臺灣早期歷史研究續集》,臺北:聯經出版社,2000年。

70. 許淑娟:《臺灣地名辭書卷21 臺南市》,南投:臺灣省文獻會,1996年。

71. 陳小沖:《臺灣民間信仰》,廈門:鷺江出版社,1993年。

72. 陳支平:《福建宗教史》,福州:福建教育出版社,1996年。

73. 傅朝卿:《遠流臺灣館·臺南歷史深度旅遊》,臺北:遠流出版社,2000年。

74. 傅朝卿:《臺南市古蹟與歷史建築總覽》,臺南:臺灣建築與文化資產出版社,2001年。

75. 曾彩金:《六堆客家社會文化發展與變遷之研究:宗教與禮俗篇》,屏東:六堆文教基金會,2001年。

76. 黃文博:《南瀛刈香誌:臺灣民俗閒話》,臺南:臺南縣立文化中心,1994年。

77. 黃文博:《臺灣民間信仰與儀式》,臺北:常民文化,1997年。

78. 黃文博:《「倒風內海媽祖行腳」——消失的香路》,臺南:臺南縣政府,2010年。

79. 黃伯芸:《臺灣的城隍廟》,臺北:遠足文化,2006年。

80. 黃麗馨:《全國寺廟名冊》,臺北:內政部,2004年。

81. 廈門吳真人研究會及青礁慈濟東宮董事會:《吳真人研究》,福建:鷺江出版社,1992年。

82. 萬建中:《中國民俗通志·生養志》,濟南:山東教育,2005年。

83. 董芳苑:《臺灣民間宗教信仰》,臺北,長青文化,1984年。

84. 詹伯望：《半月沉江話府城》，臺北：臺灣建築與文化資產出版社，2006年。

85. 鈴木清一郎：《臺灣旧慣冠婚葬祭と年中行事》，臺灣日日新報社，昭和9年。

86. 鈴木清一郎著，馮作民譯：《臺灣舊慣習俗信仰》，臺北：眾文出版社，1993年。

87. 劉文三：《臺灣神像藝術》，臺北：藝術家出版社，1981年。

88. 劉還月：《臺灣民間信仰小百科醮事卷》，臺北：臺原，1994年。

89. 增田福太郎：《臺灣の宗教》，臺北：南天書局，1996年。

90. 增田福太郎著，黃有興譯，《臺灣宗教論集》，南投：臺灣文獻會，2001年。

91. 增田福太郎著，江燦騰主編：《臺灣宗教信仰》，臺北，東大圖書，2005年。

92. 潛明茲：《中國神源》，重慶：重慶出版社，1999年。

93. 蔡相煇：《臺灣的祠祀與宗教》，臺北：臺原出版，1989年。

94. 鄭志明：《文化臺灣卷一，田野采風系列》，臺北：大道文化，1986年。

95. 鄭志明：《臺灣民間宗教論集》，臺北：臺灣學生書局，1988年。

96. 鄭志明：《臺灣的宗教與秘密教派》，臺北：臺原出版社，1990年。

97. 鄭志明：《臺灣民間的宗教現象》，臺北：大道文化，1996年。

98. 鄭志明：《臺灣傳統信仰的鬼神崇拜》，臺北：大元書局，2005年。

99. 魯兆麟：《大龍峒保安宮保生大帝藥籤解》，臺北：財團法人臺北保安宮，1998年。

100. 蕭兵：《儺蜡之風─長江流域宗教戲劇文化》，江蘇：江蘇人民出版社，1992年。

101. 戴炎輝：《清代臺灣之鄉治》，臺北：聯經出版社，1979年。

102. 戴文鋒：《府城媽祖行腳》，臺南：臺南市文化資產保護協會發行，2001年。

103. 薛公忱：《中醫文化溯源》，南京：南京出版社，1993年。

104. 鍾宗憲：《炎帝神農信仰》，北京：學苑出版社，1994年。

105. 鍾宗憲：《神農大帝─五穀王》，臺北：稻田，2001年。

106. 鍾宗憲：《民間文學與民間文化采風》，臺北：里仁書局，2006年。

107. 鍾華操著，林衡道編：《臺灣地區神明的由來》，南投：臺灣省文獻委員會，1988年。

108. 鍾敬文、袁珂等編：《中國各民族宗教與神話大辭典》，北京：學苑出版社，1990 年。

109. 嚴清洋：《從關羽到關帝》，臺北：遠流，2006 年。

110. 梶原通好、李文祺譯：《臺灣農民的生活節俗》，臺北：臺原出版社，1989 年。

二、論文

（一）期刊論文

1. 毛紹周：〈水仙尊王信仰精神的建構：以臺南大天后宮之陪祀水神爲探討中心〉《文史臺灣學報》第 2 期，2010 年 12 月。

2. 石萬壽：〈臺南市寺廟的建置〉《臺南文化》新 11 期，1981 年。

3. 石萬壽：〈祀典武廟建制沿革研究〉《臺灣文獻》38：4，1987 年 12 月。

4. 石萬壽：〈臺南府城的城防——臺南都市化研究之一〉《臺灣文獻》30 期：4。

5. 石萬壽：〈營兵和臺南府城的防務〉《國立成功大學歷史學報》11 期，臺南：成功大學歷史系，1984 年。

6. 朱鋒：〈「鯤鯓王與水守爺」〉《南瀛文獻》創刊號，臺南：臺南縣政府，1953 年。

7. 西田豐明：〈臺南市之寺廟現況田野報告〉《民俗臺灣》2（9）1942 年。

8. 宋錦秀：〈臺灣的「醫藥神」信仰〉《文化視窗》第 5 期，1998 年。

9. 宋錦秀：〈臺灣寺廟藥籤彙編：宜蘭「醫藥神」的系統〉《宜蘭文獻》第 37 期，1999 年。

10. 林美容、李俊雄：〈彰化南瑤宮的藥籤〉《民族學研究所資料彙編》第 5 期，1991 年。

11. 林衡道：〈保安宮與孔子廟〉《臺北文獻》直字 11/12，1970 年 6 月。

12. 金眞：〈醫藥之神——三眞人〉《臺灣博物》20 卷 4 期總號 72，2001 年 12 月。

13. 范正義：〈祀典抑或淫祀：正統標籤的邊陲解讀以閩台保生大帝信仰爲例〉《史學月刊》11 期，2005 年。

14. 張珣：〈民間寺廟的醫療儀式與象徵資源——以臺北市保安宮爲例〉《新世紀宗教研究》6 卷 1 期，2007 年 9 月。

15. 許丙丁：〈臺南教坊記〉《臺南文化》3：4，1954 年。

16. 陳蘭：〈藥王孫思邈〉《民俗研究》1995 年（2）。

17. 陳秀蓉：〈日據時期臺灣民間信仰的發展〉《歷史教育》3 期，1998 年 6 月。

18. 彭衍綸：〈神農故事研究〉《中國國學》第 25 期，臺南：中國國學研究會，1997 年。

19. 黃有興：〈學甲慈濟宮與壬申年祭典紀要——兼記前董事長周大圍〉《臺灣文獻》第 46 卷第 4 期，1995 年。

20. 黃季平：〈廟記錄的方法論——臺灣三次廟普查案例的比較〉《民俗曲藝》第 142 期，2003 年。

21. 劉枝萬：〈臺灣省寺廟教堂（名稱主神地址）調查表〉《臺灣文獻》11 卷第 2 期，1960 年。

22. 劉枝萬：〈清代臺灣之寺廟〉《臺北文獻》第四期，2003 年。

23. 鄭志明：〈心靈妙方，妙手回春——談臺灣藥籤文化〉《傳統藝術》19，2002 年。

24. 盧嘉興：〈由明鄭時期的古廟宇來談總趕宮〉《古今談》第三十二期，1967 年。

25. 霍彥儒：〈炎帝與中國飲食文化〉《華夏文化》3 期，2002 年。

26. 謝重光：〈從吳本的神話看福建民間宗教信仰的特點〉《世界宗教研究》4 期，1983 年。

（二）論文集、會議論文

1. 王志文：〈淡水河岸保生大帝神明會之角頭分布——以蘆洲、社子的兌山李爲例〉《保生大帝信仰學術研討會論文比賽論文集》，臺北：臺北大龍峒保安宮，2002 年。

2. 宋光宇：〈四十年來臺灣的宗教發展〉《宗教與社會》，臺北：東大，1995 年。

3. 周立方、陳國強：〈閩台吳眞人崇拜與兩岸學術交流〉《閩台文化研究》福建省炎黃文化研究會，福州：福建人民出版社，1997 年。

4. 周立方：〈媽祖信仰與海洋文化〉《媽祖信仰國際學術研討會論文集》，南投：臺灣省文獻委員會，1997 年。

5. 林美容：〈由祭祀圈到信仰圈——臺灣民間社會的地域構成與發展〉《中國海洋發展史論文集》第三輯，1990 年。

6. 林明德：〈觀音之匾聯探索〉《臺灣佛教學術研討會論文集》，1996 年。

7. 林廷璝：《保生大帝實錄》收入王見川、林萬傳編：《明清民間宗教經卷文獻》12 冊，臺北：新文豐出版股份有限公司，1999 年。

8. 林瑋嬪：〈神的具形化：談漢人的神像與乩童〉《「物與物質文化」學術研討會論文集》，2002 年。

9. 邱瓊蒂、黃瑞芳：〈萬巒先帝廟祭祀圈與周邊神農信仰〉《2007 年客家社會與文化學術研討會論文集》，2007 年。

10. 徐曉望：〈21 世紀閩臺民間信仰的研究〉，收錄於戴晨京：《中國宗教學》，北京：柯藍博泰印務有限公司，2003 年。

11. 高振宏：〈保生大帝吳真人傳說研究——以明清方志資料爲主的初步考察〉《保生大帝信仰學術研討會論文集》，臺北：財團法人臺北保安宮，2006 年。

12. 張永勳、何玉鈴等：《臺灣地區寺廟藥籤現況之調查研究》（行政院衛生署中醫藥委員會委託研究計畫成果報告，臺北：衛生署中醫藥委員會，1999 年。

13. 陳信翰、李直罡、胡靜之、江翊睿、林伯威、高羽璇、黃俊棋、王兆寧、蕭彥彰、吳金龍、黃嵩豪、林育靖、林秀縵、李佳芬、余怡蓉、張思玟：〈藥籤的由來〉臺北醫學院醫學系論文，收錄於鄭志明：《文化臺灣卷一田野采風系列》，台北：大道文化，1986 年。

14. 陳全忠：〈三尊容顏各異的大道公神像述略〉《吳真人與道教文化》廈門：廈門大學出版社，1993 年。

15. 陳其南：〈宗教信仰與意識型態〉《婚姻、家族與社會》臺北：允晨出版社，1993 年。

16. 陳泰昇、林美容等：〈臺灣藥籤的成籤時間及其影響因素〉「醫療與文化」學術研討會宣讀論文，南港：中央研究院民族學研究所、臺灣史研究所籌備處合辦，2001 年 10 月。

17. 楊秀蘭：〈清代臺南府城五條港區的社會民俗與信仰〉《臺灣史蹟研究會 91 年會友年會論文選集》臺北：臺北市文獻委員會，2002 年。

18. 楊善群：《探索與爭鳴》〈炎帝與神農氏「合二爲一」考辨〉上海市社會科學界聯合會 8 期，2007 年。

19. 劉枝萬：〈中國稻米信仰緒論〉《中國民間信仰論集》臺北：中央研究院民族學研究所，2001 年。

20. 鄭瑞明：〈臺灣明鄭與東南亞之貿易關係初探〉《認識臺灣歷史論文集》臺北：國立臺灣師範大學中等教育輔導委員會印行，1986 年。

（三）學位論文

1. 王郁雅：《臺南市保生大帝信仰研究》（臺南師範學院鄉土文化研究，2001 年。

2. 石弘毅：〈清代康熙年間治臺策研究〉國立成功大學歷史學系碩博士班論文，2007 年。

3. 余玟慧：《高雄縣神農大帝信仰之研究》國立臺南大學臺灣文化研究所碩士，2008 年。

4. 李宛春：《臺灣神農信仰研究—以三重先嗇宮爲例》國立中央大學中國文學系碩士在職專班，2011 年。

5. 施保夙：《臺灣神農信仰研究》，國立臺南大學國語文學系碩士論文，2008年。

6. 洪資殷：《保生大帝、土地公與西秦王爺之虎爺形態研究——以臺南市、高雄市爲例》樹德科技大學應用設計研究所碩士論文，2005年。

7. 洪嘉臨：《臺北市大龍峒保安宮宗教休閒治療之研究》國立臺灣師範大學運動與休閒管理研究所在職碩士班，2010年。

8. 胡嘉琳：《行銷保生大帝——以臺南縣歸仁鄉仁壽宮的新興宗教化（1945～2010)》國立臺灣師範大學歷史學系在職進修碩士班，2010年。

9. 陳文寧：《寺廟民俗療法之探究——以求藥籤的主觀經驗爲例》（臺北醫學院醫學研究所 1999年。

10. 陳泰昇：《臺灣藥籤調查與研究》，中國醫藥學院中國藥學研究所植物化學組，2002年。

11. 陳鈺淑：《屏東縣琉球鄉碧雲寺的籤詩信仰文化研究》，國立屏東教育大學中國語文學系碩士班，2010年。

12. 黃麗芬：《保生大帝信仰文化意涵的研究——以以臺南縣爲例》（臺南師範學院鄉土文化研究所，2001年。

13. 楊宗祐：《臺南市安南區保生大帝聯庄祭祀組織之研究》國立臺北大學民俗藝術研究所碩士班，2008年。

14. 蔡銘雄：《消失中的民俗醫療——「藥籤」在臺灣民間社會發展初探》東海大學宗教研究所碩士，2008年。

三、沿革、簡介、手冊、廟志、碑記

1. 《中和境北極殿簡介》臺南：中和境北極殿管理委員會，2011年。

2. 《六合境柱仔行全臺開基永華宮簡介》臺南：全臺開基永華宮委員會（未註出版年月）。

3. 《全臺開基永華宮甲申年三朝慶成祈安清醮活動手冊》臺南：全臺開基永華宮委員會，2004年。

4. 《西羅殿保安廣澤尊王緣起》臺南：西羅殿管理委員會，1995年。

5. 《府邑古剎—開基開山宮》臺南：開基開山宮管理委員會，2011年。

6. 《東嶽殿史誌》臺南：東嶽殿管理委員會，2001年。

7. 《萬福庵簡介》臺南：萬福庵管理委員會（未註出版年月）。

8. 《臺南市三郊鎮港海安宮概略》臺南：海安宮印行（未註出版年月）。

9. 《臺南市大觀音亭興濟宮》臺南：財團法人臺灣省臺南市大觀音亭興濟宮，2006/2002年。

10. 《臺南開基玉皇宮（舊天公廟）農民曆》，2011年。

11. 《臺灣首廟天壇》，臺南：首廟天壇管理委員會編印，1990 年。

12. 《盤古藥王廟藥王大帝傳蹟》臺南：財團法人臺灣省臺南市藥王廟董事會，1982 年。

13. 《學甲慈濟宮戊子年香科上白礁謁祖遶境祭典》手冊，臺南：財團法人學甲慈濟宮董事會，2008 年。

14. 何培夫、曾國棟：《大觀音亭‧興濟宮》，臺南：財團法人臺南市大觀音亭興濟宮（未註出版年月）。

15. 吳文雄：《臺南開基玉皇宮簡介》臺南：吳文雄自刊，1995 年。

16. 莊財福：《東嶽殿》，臺南：東嶽殿管理委員會，2001 年。

17. 陳奮雄：《臺南開基武廟志》臺南：臺南開基武廟，2002 年。

18. 曾吉連：《祀典臺南大天后宮志》臺南：祀典臺南大天后宮，2001 年。

四、網路資料

1. 中央研究院漢籍電子文獻　hanji.sinica.edu.tw

2. 中國哲學書電子化計劃線上圖書館　http：//ctext.org/

3. 中華桃園明聖經推廣學會數位藏經個閣　http：//140.125.168.74/dl/ctm

4. 五帝廟　wudi-miao.myweb.hinet.net

5. 文化部文化資產局　http：//www.hach.gov.tw/

6. 東京大學東洋文化研究所漢籍善本全文影像資料庫
http：//shanben.ioc.u-tokyo.ac.jp

7. 行政院文化建設委員會網站　http：//www.cca.gov.tw/cgi-bin/index.cgi

8. 國學導航　http：//www.guoxue123.com/index.htm

9. 開放文學　http：//www.open-lit.com

10. 開基玉皇宮網站　http：//www.kaigi.com.tw/introdution.htm

11. 網際網路檔案館（Internet Archive）　archive.org

12. 臺南市政府文化局　http：//www.tnc.gov.tw/

13. 讀書網　http：//big5.dushu.com

14. 教育部閩南語常用詞辭典
http：//twblg.dict.edu.tw/holodict_new/index.html

附錄一

一、藥王廟（臺南市中西區今華路四段 84 號）

王綏海甸播生靈　　藥濟民生餐造化　　王師兵馬壯屯營　　藥帝君臣尊九五

藥王廟　　　　　　　　　　　全臺開基
　　　　　　　　　　　　　　　藥王廟

二、神農殿（臺南市北區長北街192號）

膏澤悠長

功參造化

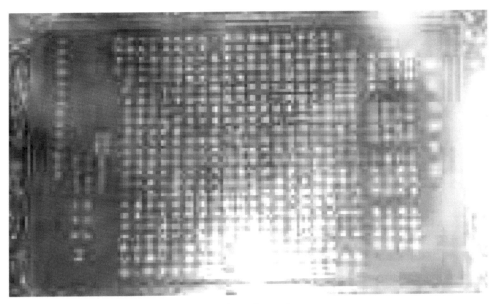

神農大帝聖歷

三、開山宮（臺南市中西區民生路一段 156 巷 6 號）

保我群生

保佑眾生

四、興濟宮（臺南市北區成功路 86 號）

保赤長生

大德曰生

聖藥仙方

垂恩儲祉

五、良皇宮 （臺南市中西區府前路一段340號）

保命護生

良相同皇

六、福隆宮（臺南市北區北門路二段 15 巷 107 號）

佑我黎民

保我民生

永綏吉劭

保育群生

七、元和宮（臺南市北區北門路二段 15 巷 107 號）

醫道配天

全台白龍庵顯靈公駕前什家將如意增壽堂

保境佑民

弘仁普濟

八、五帝廟（臺南市中西區忠義路二段 87 號）

福國祐民

帝德廣運

九、銀同祖廟（臺南市中西區城隍街45號）

台郡銀同祖廟記　　　　　　　　　　　銀同祖廟碑記

十、開基玉皇宮（臺南市北區佑民街111號）

一

神恩浩蕩

神威顯赫

澤庇蒼生

十一、東嶽殿（臺南市中西區民權路一段110號）

神威顯昭

仁聖大帝

執規司春

威而不猛

十二、臺灣府城隍廟（臺南市中西區青年路 133 號）

首府城隍

慈航濟世

生死司權

敷佑群黎

威恩原并濟求錫福何不爲善
靈神非可賂望赦罪豈在燒錢

法雨霑時能解厄
慈雲現處是垂恩

威令如山判事每分正邪善惡
靈神在上護民何論南北東西

聰明正直式天神
動靜陰陽兩故化

問你生平所幹何事圖人財害人命姦淫人婦女敗壞人倫常摸摸心
頭悔不悔想從前千百詭計奸謀那一條孰非自作
來我這裡有冤必報滅爾算蕩爾產殄滅爾子孫降罰爾禍淫睜睜眼
晴怕不怕看今日多少兇鋒惡斂有幾個到此能逃

問你生平所幹何事圖人財害人命姦淫人婦女敗壞人倫常摸摸心頭悔不
悔想從前千百詭計奸謀所一條就非自作

怕看今日多少兇鋒惡斂有幾個到此能逃
來我這裡有冤必報滅爾算蕩爾產殄滅爾子孫降罰爾禍淫睜睜眼

十三、三官廟（臺南市中西區忠義路二段40號）

功同覆載

神功鼎峙

大哉神功

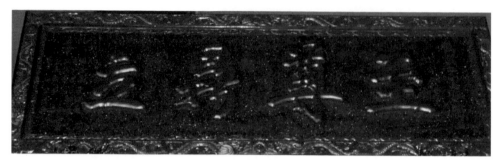

至尊鼎立

十四、臺灣首廟天壇（臺南市中西區忠義路二段 84 巷 16 號）

三才弌理

道崇無極

仰不愧天

主宰元樞

十五、北極殿（臺南市中西區民權路二段89號）

繳納本廟地租
闔境公眾碑記

大上帝廟四條街
〔桐山營〕公眾合約

重修府城鷲嶺
北極殿碑記

十六、大觀音亭（臺南市北區成功路 86 號）

善慈靈應

以祈甘雨

現月相珠瓔滿珞薰脩三昧成摩地
湧金波寶綱交羅超度眾生出愛河

十七、清水寺（臺南市中西區開山路 3 巷 10 號）

流水前身

大觀在上

十八、慈蔭亭（臺南市中西區民生路一段 132 巷 10 號）

慈航慧海

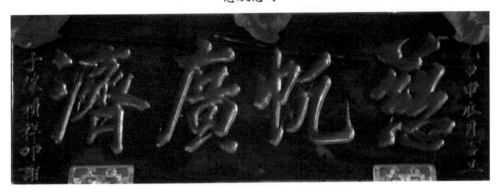

慈航廣濟

十九、道署關帝廳（臺南市中西區友愛街 40 巷 11 號）

正氣參天

乃聖乃神

二十、五瘟宮（臺南市中西區中正路 131 巷 8 號）

安慶堂五瘟宮　　　　　　　　　如保赤民

二十一、彌陀寺（臺南市東區東門路 133 號）

超然世界

圓通寶殿

二十二、祀典武廟（臺南市中西區永福路二段229號）

文武聖人

文經武緯

人倫之至

義範昭垂

二十三、永華宮（臺南市中西區府前路一段 196 巷 20 號）

永華宮

全臺開基

二十四、萬福庵（臺南市中西區民族路二段317巷5號）

小西天

二十五、開基武廟（臺南市中西區新美街114號）

乾坤正氣

立人極

二十六、全臺首邑縣城隍廟（臺南市北區成功路 238 巷 52 號）

護國佑民

保境佑民

神威顯赫

縣冥首載

二十七、祀典大天后宮（臺南市中西區永福路二段 227 巷 18 號）

輝煌海澨

神昭海表

霧顯扶桑

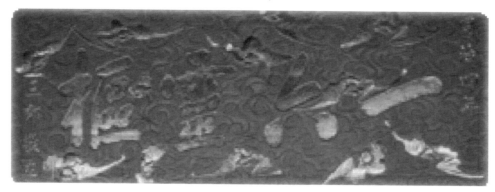

一六靈樞

二十八、廣慈院（臺南市中西區廣慈街38號）

廣布在慈

慈雲流蔭

二十九、重慶寺（臺南市中西區中正路 5 巷 2 號）

善惡攸分

佛道光輝

三十、海安宮（臺南市中西區金華路四段 44 巷 31 號）

恩溥天池

德配蒼穹

三十一、媽祖樓天后宮（臺南市中西區忠孝街 118 號）

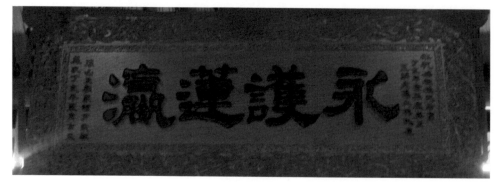

永護蓮瀛

鯤海慈航

三十二、西羅殿（臺南市中西區和平街90號）

功著汾陽

庇佑萬民

保安天下

佑及華東

三十三、水仙宮（臺南市中西區神農街 1 號）

教化羣黎

德參天地

德垂萬世

鹿耳淵源

三十四、開基陰陽公廟

陰陽公廟

陰陽都總管

附錄二

（一）田調訪談逐字稿

（以下只記載受訪談者部分，語詞部分因原文為閩南語，記錄時以國語取代部分用詞）

關帝廳			
訪談時間	2012 年 03 月 08 日	對象	呂建德委員

你怎知到這來？一般人都不知這唉！一般說「關帝廳」都以為是後甲那間，現在那間也改名為「關帝殿」啦！

要介紹喔！我就我知到的講講給你參考。

關帝廳本來在現在永福國小的道署旁，是道署官員祭祀關帝的地方，日治時被拆，遷建到現址。鎮殿關帝是將「頭」由原來的廟帶過來，再配新塑的身體組成的，都是雕刻或塑成抱壽體。

目前在申請歷史建築，因為門神、壁畫、浮雕、對聯……等都是古物與名家作品。你可以看看參觀照像。幫我向你爸問好！我還有事，晚一點主委會來，你可以找時間來和他談。

訪談時間	2012 年 06 月 03 日	對象	劉正熊主任委員

歡迎光臨！要介紹喔！我不是很清楚啦！民國 92 年開始，我在這裡當管理人，99 年才改為管理委員會，我是元氣堂呂建德……等人推舉我當主任委員的。我不是懂很多。

喔！呂建德是你表叔喔！哈哈！我的沿革簡介這些詳細資料都在你表叔那裡，目前他負責拿去接洽印刷。你表叔知道的比我多啦！

這是原本建於永福國小內，由道署所建的廟，後來遷到這裡來，本來是東轅門土地公的廟，在日治時關帝廳被充作宿舍，所以把關帝廳遷來土地公廟，變為主祀，也把前面李提堂街的觀世音佛祖請來同祀，成為三合一的廟。

鎮殿關帝爺是泥塑的，舊時泥塑神像都是頭和身體分開塑造，用竹或木條構成結構再用土組成，所以神像身體大多空心，再把頭裝在脖子上，廟裡的東西都是文

物，神龕上方是乾隆四十四年的「浩浩其天」，全廟的彩繪都是潘麗水，也有潘春源的浮雕和朱九瑩與黃國書的書法，目前已申請歷史建築的核定中。

等下我要去進學當義工指揮交通，你就先拍照，有時間我們再聊或去問你表叔！

藥王廟			
訪談時間	2011 年 07 月 04 日	對象	蔡松泉先生（黑松）

藥王廟的藥籤已不提供了！倉庫還有，我帶你去，你可以去自己撕。缺哪首再告訴我，我去查給你。

開基的有很多尊古神像被偷。像註生娘娘、婆姐、虎爺、……等。

這裡主祀的是神農大帝，我在這裡當廟公算是第三代了，從小就住在這裡。聽我爺爺說，當廟公住廟就省房屋的錢。

藥王廟是僅存的七寺八廟中八廟的兩間之一，我記得八廟是嶽帝廟、龍王廟、聖君廟、呂祖廟、風神廟、藥王廟、大人廟和五帝廟，七寺是開元寺、竹溪寺、法華寺、彌陀寺、黃檗寺、重慶寺、龍山寺。

訪談時間	2012 年 06 月 04 日	對象	林央士委員（黑士）

藥王廟本來廟地往西到金華路中線更往西約 2 尺，往北約再 20 公尺，因為拓寬道路等因素只剩目前廟地。

本來是二級古蹟，後來因拆修被降為三級、再至不列古蹟，所以改建成三樓。

關於藥王廟三樓的方形石柱上的對聯即知原本稱為「藥王」，由同治年間的藥籤筒上的廟稱可知後來又改稱為「藥皇」，目前又改回「藥王」。

至於藥王是何許人，有人說是韋慈藏，也有人說是神農，個人認為是「孫真人」。三樓的主龕龍側頭戴皇冠紅臉的泥塑神像就是藥王爺，左眼的眼球有些不正，原本在一樓時，水仙宮建醮時立旗桿，結果被沖煞到。所以請大陸匠師自大陸帶泥材來臺新塑一尊藥王，因為匠師以為「藥王」是神農，所以因應神農嘗百草中毒之說，所以將臉塑成黑色。雖然臉上有些剝落，但兩尊藥王爺是很正的，身上服飾的泥線、龍鱗都很細緻，等會讓你到神龕內近距離拍。

本來有藥籤而且是分五科，我有手抄本，如果你要，我再回家拿給你抄或拿去印。本來的藥籤簿被拿到中藥房保存，後來藥鋪結束營業就被借來抄錄。後來廟裡印製的藥籤是 120 首大人科，現在鄭主委因怕藥籤會引起麻煩所以不提供給信徒求用，信徒現在都改準備礦泉水置於一樓藥王爺龕前，請藥王爺加持後取回飲用，據說不少信徒表示效果很好。

三樓藥王爺神龕內保存有同治年間的籤筒，分藥籤與運籤，等會一起給你拍照。龍側的神龕供的是臨水夫人，也是泥塑的喔，前面的太子爺和註生娘娘是信徒寄祀的，結果未被請回，樓下的神龕中也有很多尊。旁邊抱小孩的女神是新刻的婆姐，原來的是泥塑，塑得很漂亮連手中的小孩都很斯文可愛，可惜被人偷走了。

前面方形石柱也是由原來的廟材再運用的，本來還有廟珠，廟珠就是在柱子底下的石頭，上面有刻圖案。

對了，你抬頭看，是不是有個根樑？那就是上樑時的主樑，也是古物，現在很少有這個東西了。對！有時會藏東西在上面。

那個燈喔！叫琉璃宮燈！不是天燈啦！一般家中廳上的是三界公（爐），要說天公爐應該還好吧！

廟額前的紅燈喔！是有公開辦事的明館。

到外面看！沿這條路下去，就是水仙宮，現在看不到，旁邊這棵榕樹你看，是不是大約有七層樓高？！過去根會垂到地上，現在每年都會修剪，大約有300年了，是請成大來估測的。幾年前有貓跑到樹洞裡去築窩，等會帶你去看。榕樹公前的石柱也是古物。

你有沒有看到龍龕的背景是龍而虎龕卻是麒麟？因為大邊龍邊是恭奉女性神明，小邊虎邊是供奉伯公，總不能背景是鳳吧！所以是麒麟。

喔！樓下喔？對樓下也是聖母在大邊，不過樓下虎龕是蔣公子的祿位與神位、五營所以正常，五營的龍頭刻得很活吧？也差點被偷。樓下的正龕也是藥王爺、還刻有神農大帝，你等一下也可以去拍蔣公子的神位和祿位，全臺應只有這裡同時有這兩塊喔！我會請出來給你仔細看，可以近點拍。

先拍樓上！好！到一樓去！

你也知道中西區很易積水，以前正殿左右廂房是出租給住家，有一次下雨積水，剛好發現這個區和對聯泡在水裡，所以有整理出來。門口的階梯的石材也是以前的地板鋪石。後面臨金華路的牆上有很多的碑石，有一塊「重修藥王廟碑」本來要拿去南門碑林，我把它留下來，不然就變南門的了。

有嗎？我都沒注意到有這句耶，對啦！因為藥王爺要採藥，所以坐港朝山，這附近的寺廟都是面海向西的。這些資料可以給我嗎？謝謝！！

這尊聖母就是你們外傳的「香案媽」，我們並沒有這樣稱，就稱聖母。是當初北港媽來府城時，因有盜賊，由藥王廟的轎班自小北門護送到藥王廟，在藥王廟暫住一晚，隔天一早很早就由藥王廟經大西門進城到大媽祖。之後每年都由轎班迎回廟裡，隔日才進城，因為廟裡都是男神，所以雕刻一尊一模一樣的媽祖陪北港媽。

前面這些神尊喔！都是信徒寄祀的，觀音、太子爺也都是。虎爺公是被偷後重雕的。

是喔！我們只知道有盜賊，不知道是什麼亂，叫什麼阿！可以給我這個資料好嗎？嗯！謝謝！記得留下你的電話和大名喔！有什麼需要幫忙儘量講，大家一起學習！

虎龕就是蔣公子的祿位、神位五營，前面的文衡帝君也是寄祀沒請回去的。

哈哈！對啦！所以也唯有藥王廟的藥王爺到天公廟時，轎班只在門口頓三下，就到旁邊讓給神明敘舊聊天。

你知道七寺八廟是哪幾間嗎？沒關係就你記得的，有幾個版本啊？你就講你看到文獻的七寺八廟。

對是不一樣，我的長輩有去研究，應該說前、後的七寺八廟吧！因有些廟沒了，所以用其他廟補期齊。

我記得你的是七寺是沒錯，八廟就不一樣，除了城外的藥王廟、風神廟之外，其他的是嶽王廟、陰陽公廟、四海龍王、呂祖廟、聖君廟還有三官廟或五帝廟和大人廟其中之一；四海龍王、呂祖廟、聖君廟已沒了，四海龍王在大媽祖寄祀、聖君在普濟殿。恩！有真的研究過，知道寄祀在哪！之前有臺北、臺中的學生來訪問，就都沒先去了解一下就來。對了，七寺有些有別稱，能查出七寺中的別稱給我嗎？

喔！「海會寺」是開元寺，「小西天」是法華寺，你的依據是？好你幫我找出根據！還有哪些要拍的，記得要拍，麻煩你的就別忘記了，保持連絡！

開山宮			
訪問時間	2010 年 09 月 10 日	對象	陳建良委員

我住附近，在西門路上，等會我要回去開店，不能待太久。

我自小在開山宮廟埕玩，我是第四代了。這裡本來是祀奉隋代陳稜將軍的將軍祠，後來改祀保生大帝。可以說是臺南市最早的寺廟。

廟埕有一口井，至今都還可以使用。現在是給汕頭魚麵擺桌給來參觀或祭拜的信徒吃麵。

有藥籤，你自己拿。要照相，沒有限制。廟公重聽，你自己處理，裡面有陳稜將軍的畫像和簡介。

府城隍廟			
訪談時間	2011 年 03 月 08 日	對象	鍾先生

城隍爺這裡沒有藥籤！以前有沒有我不知道。你自己看看簡介，應該都介紹得很清楚。文物館有很多東西可以去看看，可以拍照。

訪談時間	2012 年 06 月 04 日	對象	鍾幹事

你就自己看看，那邊有簡介！廂房有文物展示室，可以去看看有不少東西，後面還有個花園，有疑問可以隨時來這裡問，歡迎你拍照，沒關係。

你要問後面這幅圖？是現況圖；對面是原來的圖。不客氣！

拍我？不要啦！我又沒提供什麼資料。找另外那位吧！

好吧！我姓鍾，金重鍾。

東嶽殿			
訪談時間	2011 年 07 月 23 日	對象	

隨便你看，歡迎拍照。柱子那邊有簡介，可以參考！

天齊仁聖大帝爺主生的，很多人以為是陰間的神，因為把「東嶽」當成「東獄」，山嶽的嶽當成地獄的獄，有問題可以隨時來問。前殿就是嶽帝爺、中殿是地藏王菩薩、後殿是酆都大帝、偏殿有觀音佛祖。

醫藥神嗎？嶽帝爺旁的天醫真人、地藏王菩薩旁的朱匡爺都是。

天醫真人有兩尊分別是軟身與硬身的，是天庭的御醫。朱匡爺管「天花」，以前不是要「種朱」嗎！就是這科的專門醫生。

藥籤嗎？沒有吧！

和我拍照喔！不要啦！我不喜歡拍照！看其他人要不要給你拍啦！

銀同祖廟			
訪談時間	2012 年 06 月 04 日	對象	陳先生

　　歡迎、歡迎。這裡主祀銀同媽，兩旁同祀文昌君和大道公。陪祀註生娘娘和土地公伯。

　　要拍照喔。那一定要拍這三塊匾。上面有派下弟子的姓名。對！就是信徒！

　　你哪來的？

　　這是最近新蓋好的

　　你可以去廟旁看看，有重建碑記。旁邊有文物陳列和歷代的神位。

　　和我拍照喔！不要啦！我很忙，你跟廟婆拍。我要回家去了！

海安宮			
訪問時間	2011 年 07 月 18 日	對象	

　　要拍照要趕快，等正式安座後，就不容易拍了。不是重建啦！是重修，這是不同的。只有把壞掉的修好並美化一下。

　　我們的水井還能用、端午還提供午時水。有經過檢驗合格的喔！

　　沒有使用藥籤。現在醫學這麼發達，生病要看醫生，不要求藥籤，拜拜是求心靈慰藉，還是醫生看病。

　　你自己進去看，門已經開了！有農民曆，裡面也有介紹，你看看！

元和宮			
訪談時間	2012 年 06 月 04 日	對象	委員

　　藥籤因為政府規定不能擺設提供，所以我們只有藥籤筒和籤支，如果擲筊經神尊同意，抽出正確的籤支後，可以到附近育安藥鋪，把籤號告訴他，他有藥籤簿會依籤號抓藥，大帝爺公開出的藥都很平民化，大多十幾元一帖。

　　我們是不鼓勵使用藥籤啦！生病還是得去給醫生看。只是有些信徒還有這些需求，我們雖然不鼓勵，但是還是提供籤支。到藥鋪時，藥師還是會再做一次的問診和過濾，這樣大家都有保障。

訪談時間	2012 年 06 月 10 日	對象	宋先生

　　我姓宋啦！讓廟公或廟婆和你照啦！我肚子都凸出來了，拍照不好看，又不上像，不然我幫你拍和廟門與前殿的相片。

　　這裡有簡介，你可以拿去看。如果對家將有興趣的話，這一本可以參考看看。剛好今天我在這裡，我可以讓你到裡面近拍，不然平時是進不去的。對了裡面有裝保全，不要越過紅柱子喔。

　　這裡其實是可算是兩間廟在一起拜的，開始的時候就是保生大帝，到了日本時代公園旁那裡的白龍庵因被拆，五福大帝被附近居民搶救到元和宮來，前後殿都有供奉，側殿也有張顯靈宮的增壽如意堂，是他的部屬神明會。裡面供奉有他的家將，如果要家將出團還是要堂裡的同意，雖然一起在元和宮內，但自以前是這個傳統。

前殿正龕的中央就是鎮殿保生大帝，兩旁分別是出轎時的二大帝和三大帝。，二大帝是軟身的，因年代久遠，近年也較少出門。旁邊的康趙元帥也因爲年代久遠，因遶境而有些損壞，因此新塑兩尊康趙元帥代替出巡遶境，就是這兩尊將爺。這裡的神尊除五福大帝與兩側殿之外都屬於元和宮。

神龕前這五尊就是五福大帝，全都是軟身的，就是白龍庵的。兩旁這兩尊立姿的是謝府千歲與田都元帥，都是保生大帝的部將。謝府千歲是保生大帝的藥童，田都元帥是戲劇拜的祖師爺。

後殿是觀音佛祖，前面五尊也是五福大帝，不知你有沒有發現這裡的神尊，不論哪一尊都讓人感到祂是笑臉的，你仔細看看。旁邊的這兩尊將爺是謝府千歲與田都元帥。元和宮有兩多：神尊多、將爺多。

接著介紹的是屬白龍庵的神尊，這裡是側殿的陰陽都總管，旁邊的將爺是五福大帝的家將。旁邊這間是增壽如意堂，是家將的神明會。中間雕刻的就是十二尊家將的神尊。旁邊這是刑具，不是法器喔！！就是出家將團時最前面所肩挑的。如意堂的家將團在民國八十五年還被李登輝召見過喔！這就是相片，可以拍一拍，這都是老照片。再到虎邊的側殿。

這是供奉「畢中軍」。他在五福大帝誕辰時，都會安奉在馬背上出巡當前導。祂有抽菸喔！在平日都會供奉香菸在水煙斗上，信徒在誕辰時會獻上檳榔和香菸，敬奉香菸時，要幫他點燃，點菸也要技巧，我示範給你看。

陰陽公廟			
訪問時間	2011 年 05 月 11 日	對象	楊先生、楊太太

你來得比較晚了，我們要重建了。從隔壁原來廟地搬來行宮這裡比較簡陋。

幾年前因廟的土地糾紛拆廟還地的關係，已經讓廟的一些建築壁塑損毀，等通過就要改建會被拆掉，如果要照像要趕快。

有些東西是會儘量保留，等到改建好後應該會成立文物館吧，但是有些東西很可惜就沒辦法保留。

因爲土地有私人的切到，有開協調會，只好拆掉部份廟牆還人。再幾天四月十五我們這裡的辜媽要聖誕了，和青年路是一樣的。

我們的公祖是開基的，本來在對面公園國小游泳池那裡，後來才搬到此，馬公的陰陽公廟也是由這分靈的。

除了四月十五辜媽聖誕之外，總管爺的聖誕是十一月初十，這裡還有一項不同就是我們的普渡是在九月初一不同一般廟宇的七月。

過去應該有藥籤。現在沒能使用啦！運籤也很靈的，我們有個醫生信徒在工作上有疑問時都會來拜拜求籤請總管爺幫忙，總管爺醫術很好的。

有報紙報導過立笠，你要不要資料。

有本靈籤解，你可以拿去印做資料，有六十年以上了，是手寫的。

我要整理一下，你自己看看要拍什麼都行。有時間來坐坐，我們有一些交陪境的活動，你可以來看看，也來幫忙，一起給我們請，十一月初十有開要來喔！

對！有插燭你可以來記錄，看要準備的東西，這是傳統的禮俗，也來幫個忙吧！下午4點左右就可以到，晚上一起給我們請，

媽祖樓			
訪問時間	2011 年 07 月 28 日	對象	蔡太太

　　不好找吧！路拆一拆後，很多人找不到。

　　目前我們也無藥籤，但還有降駕辦事，也是很有效的。藥籤是不能使用，可是留有舊籤筒和竹籤支。

　　你要拍照做記錄喔！都可以拍的。我知道的不多啦！我婆婆八十多了，很多事可以和她聊，她知道很多，看看什麼時候有空。

五瘟宮			
訪問時間	2011 年 03 月 18 日	對象	郭太太

　　有個少年的有整理資料，桌上有一份，你可以參考。

　　可以多印幾份給我供人索取嗎？多少錢阿？喔！謝謝你喔！還麻煩你又不收錢，當寄附大帝好了！

　　我不很清楚，本來是我公公在處理，年前他過身了，所以我接下來幫忙，早上擦擦桌子，奉香、敬茶向大帝請安。本來也是要拖地，不過附近有人會輪流來幫我拖地。

　　不辛苦啦！運動運動。廟埕是總趕宮的，租給賣菜、賣水果的。

　　那棵榕仔叫「許願樹」，屬總趕宮。五日節是大帝的誕辰，每年都有在廟埕辦立蛋、分五時水與香包 DIY 的活動，很熱鬧的。你可以來幫忙嗎？從初四到初六都有活動。謝謝你！

　　初五就 9 點到就好了。

　　我的雜貨店旁的巷子就是「雙全」，要喝看看嗎？很多來玩的都會去喝。

　　對啊！電腦的宣傳真厲害！我們也要上網給大家知道。

　　有藥籤，你自己拿沒關係，照像也自由。剛粉面過。

福隆宮			
訪問時間	2011 年 07 月 15 日	對象	陳勝南委員、鄭委員、郭委員、曾榮譽主委

　　這是市仔頭福隆宮，主祀保生大帝、文衡帝君與吳府千歲。孫將軍與斌將軍是軟身的，屬於白龍庵的神明。

　　康元帥與趙元帥是保生大帝的部將。前面是太子爺與徐甲真人，後殿觀音佛祖、註生娘娘和福德正神。

　　建立在明末，由同安白礁迎奉來的，在市仔頭街繁榮後建廟的。有些傳說是自石頭坑移祀過來是錯誤的說法。七十一年拆廟重建、七十八年完工。

　　正殿柱子上的對聯是寫主祀的保生大帝、文衡帝君和吳府千歲沒錯；前柱「吳中香火昭南國，府治承天鎮北門」，看出來「吳府」吧！也說明在鄭成功時建廟在北門這地區；中柱「文武允然驅赤兔，衡廬卓立表丹心」說的是文衡，後柱就是寫保生大帝了「保我黎民安社稷，生天成佛護家邦」

　　藥籤是新做的，用電腦排版列印，我有親自校對過，因爲過去的藥籤擺設方式容易沾染灰塵，藥籤架比較簡略，所以這個藥籤櫃是楠木的喔！你要一張一張拿嗎？也行啦！我也有電子檔，可以寄給你，運籤要不要，也可以拿靈籤做研究主題喔！

　　有什麼需要隨時可以找我，我家在北忠街上，我有很多中醫的書和「全國佛刹道觀總觀」可以借你做參考。

西羅殿			
訪問時間	2011 年 12 月 27 日	對象	郭先生

　　這麼早就來？要拍照？好啊！都可以拍！你可以走走看看，很多人在拍照的！
　　藥籤？不可以陳列啊！也大概六、七十年沒使用了。時代不同了。西醫那麼發達，要求藥籤的人很少了！也沒保存下來！對阿！很可惜！有阿！有問事！固定會行醫辦事！

田調訪談對象（因部分受訪者不願拍照，故未能展示）

興濟宮朱先生

府城隍廟鍾先生

關帝廳劉振熊主任委員與呂建德委員

關帝廳劉振熊主任委員

三官廟林先生

五瘟宮郭太太

福隆宮陳勝南委員

玉皇宮林先生

銀同祖廟廟婆邱秀雲

陰陽公廟楊先生楊太太

資訊提供：胡乃玄

清水寺王監察委員

關帝廳劉振熊主委

西羅殿

附錄三

（一）藥籤〔部份〕

興濟宮

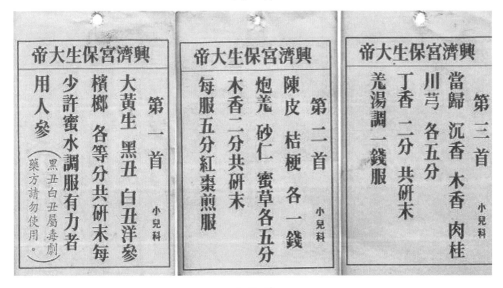

帝大生保宮濟興 — 第一首 大人科
灶心土 鳳退 各一錢
風葱 一枝 灯心 七條
水一碗煎五分

帝大生保宮濟興 — 第二首 大人科
白朮 土茯 淮山 各
一錢 甘白菊 各四分
水碗二煎四分

帝大生保宮濟興 — 第三首 大人科
蓮子 錢半 淮山 土
茯苓 金英 各一錢
水一碗煎四分

大人科

帝大生保宮濟興 — 第一首 小兒科
大黃生 黑丑 白丑洋參
檳榔 各等分共研末 每
少許蜜水調服有力者
用人參 （黑丑白丑屬毒劇 藥方請勿使用。）

帝大生保宮濟興 — 第二首 小兒科
陳皮 桔梗 各一錢
炮羌 砂仁 蜜草各五分
木香二分共研末
每服五分紅棗煎服

帝大生保宮濟興 — 第三首 小兒科
當歸 沉香 木香 肉桂
川芎 各五分
丁香 二分 共研末
羌湯調一錢服

小兒科

興濟宮保生大帝　第一首　外科
蛤粉一錢　青黛五分　共
為細末韭菜汁一錢　蘇
油半匙　仝和成膏入碗
中放鼎中水炊熟服
後周柿菓下吹上法調再
用清明茶三錢　好氣治
八分浸茶出味煎熱服之

興濟宮保生大帝　第二首　外科
香水梨一個　去蒂將心
取起入蜜蒲將蒂合用紙
包數重水濕至暮藏在炭
火煨次早將梨食至二
十個

興濟宮保生大帝　第三首　外科
豬心一個　竹刀切開入
硃砂末一錢　摻心內童
便煮熟將豬心食一日一
次共服三日

外科

興濟宮保生大帝　第一首　眼科
大黃二錢　歸尾赤芍各
一錢　川連荊芥麻黃防
風各五分
水一碗煎五分

興濟宮保生大帝　第二首　眼科
元參枝子蒺藜羚羊黃岑
丹皮甘草各一錢　荊芥防
風甘草各六分
水一碗煎五分

興濟宮保生大帝　第三首　眼科
當歸桑白元參各二錢
地骨麥冬枝子車前各一
錢　桔梗防風白菊甘草
各五分　箔荷三分
水一碗半煎七分

眼科

開山宮

大人科

第壹首　開 山 宮（臺南）
灶心土鳳凰退
各壹錢鳳蔥壹
枝灯心七條
水壹碗煎五分

第貳首　開 山 宮（臺南）
白朮土茯
山各壹錢淮
甘菊花四分白
水碗貳煎四分

第叄首　開 山 宮（臺南）
蓮子壹錢
淮山土茯苓半
金英各壹錢
水壹碗煎四分

小兒科

小兒第一首　開 山 宮（臺南）
生大黃黑丑白丑洋
參檳榔各等分共研
末每小許蜜水調
服有力者用人參

小兒第二首　開 山 宮（臺南）
陳皮桔梗各壹錢炮
姜砂仁炙草各五分
木香叄分共研末每
服五分紅棗煎服

小兒第三首　開 山 宮（臺南）
當歸沉香木香肉
桂川芎各共研末
香貳分五分丁
姜湯調壹錢服末

藥王廟

未分科

福隆宮

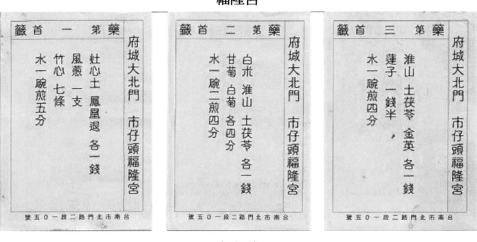

未分科

北極殿

第一首

大黃生黑丑白丑洋參檳榔各等分共研末每少許蜜水調服有力者用人參

新世紀（奇峰）打字印刷行　敬獻

第二首

陳皮桔梗各一錢炮姜砂仁炙草各五分木香二分共研末每服五分紅棗煎服

新世紀（奇峰）打字印刷行　敬獻

第三首

當歸沉香木香肉桂川芎各五分丁香二分共研末薑湯調一錢服

新世紀（奇峰）打字印刷行　敬獻

未分科

大觀音亭

台南市成功路　大觀音亭

第一方　大人全服　小兒半服

洋參　白芍　桂枝　川芎　杏仁

防風　黃芩　防己各壹錢

附子各五分　生姜叁片

水貳大杯煎八分服

台南市成功路　大觀音亭

第二方　大人全服　小兒半服

防風　荊芥　連翹　薄荷　川芎

當歸　白芷　白芍各八分　山枝

黃芩　甘草各五分　桔梗　滑石

各壹錢　生姜叁片

水貳大杯煎八分服

大人、小兒科

五瘟宮

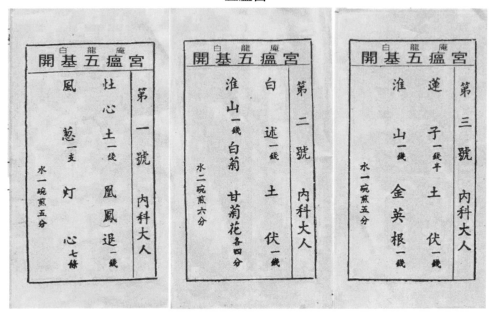

未分科

清水寺

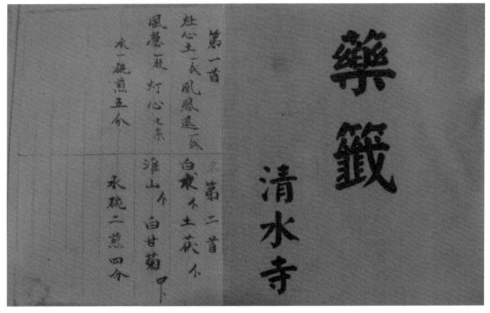

未分科

（二）運籤

北極殿

第一首【聖聖聖】上中

福如東海壽如山
君你何須問中間
榮華富貴天注定
太白貴人守身邊

解曰

功名至、福祿有、諸事安、生意興、婚姻好、胎生男、風水吉、出外安、病人運深、小病平安、老人壽滿。

歲次辛巳年六月　弟子沈信和　敬獻

第二首【聖聖笑】上

寶鏡團圓似明月
琴瑟和鳴暢我情
婚姻本是天注定
一舉狀元登科名

解曰

功名好、福祿有、諸事和、生意興、婚姻好、胎生男、風水吉、行人到、病人前緣合醮。

歲次辛巳年六月　弟子沈信和　敬獻

第三首【聖聖陰】下

啞口做夢話難言
瞎眼穿針更不然
九曲明珠穿難過
孔子絕糧陳蔡間

解曰

功名難、福祿空、諸事險、生意夫、婚不成、胎危險、風水空、行不可、病人包子、公土地公、過路神明。

歲次辛巳年六月　弟子沈信和　敬獻

陰陽公廟

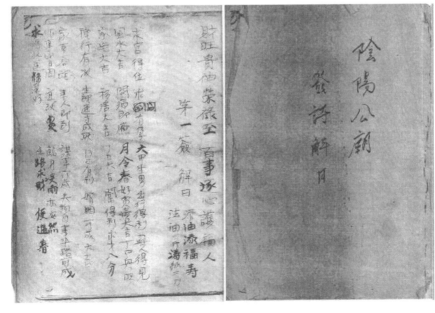

－361－